걸을 수 없는 도시,
걸어야 하는 사람

걷고 싶은 도시를 만드는
배려의 마법

걸을 수 없는 도시, 걸어야 하는 사람

걷고 싶은 도시를 만드는 배려의 마법

초판 1쇄 발행 2022년 12월 16일

지은이 변완희·오성훈   **펴낸곳** 크레파스북   **펴낸이** 장미옥

기획·정리 정미현·이상우·김용연   **디자인** 김지우   **마케팅** 김주희

출판등록 2017년 8월 23일 제2017-000292호

주소 서울시 마포구 성지길 25-11 오구빌딩 3층

전화 02-701-0633

팩스 02-717-2285

이메일 crepas_book@naver.com

인스타그램 www.instagram.com/crepas_book

페이스북 www.facebook.com/crepasbook

네이버포스트 post.naver.com/crepas_book

ISBN 979-11-89586-53-9 (03300)

정가 17,000원

이 도서의 국립중앙도서관 출판예정도서목록CIP은 서지정보유통지원시스템 홈페이지(http://seoji.nl.go.kr)와
국가자료종합목록 구축시스템(http://kolis-net.nl.go.kr)에서 이용하실 수 있습니다.

걸을 수 없는
도시,
걸어야 하는 사람

글

변 완 희 · 오 성 훈

크레파스북

서문

"나는 걸을 때만 사색할 수 있다. 내 걸음이 멈추면 내 생각도 멈춘다. 내 두 발이 움직여야 내 머리가 움직인다." 루소(Jean-Jacques Rousseau)의 『고백록』에 나오는 말이다. 루소에 따르면 걷는다는 것은 철학적 사유의 행위가 된다. 철학적 사유의 행위로써 걷기는 그리스에서 기원을 찾을 수 있다. 아테네 학당은 아폴로 신전과 뮤즈 신전이 있는 옆에 세워지면서 학당과 신전들은 이어진 통로가 되고 길이 되었다. 이 길을 걸으면서 아리스토텔레스와 철학자들은 철학을 논하고 세상을 논하였다. 아리스토텔레스학파 철학자들을 소요학파(Peripatetic School)라 하는데, Peripatetic은 '걷는 사람, 멀리까지 걷는 사람'을 뜻한다. 사유와 걷기가 연결되는 지점에 철학자들이 있는 것이다.

더 많은 사례들은 얼마든지 있다. 하이델베르크에는 헤겔, 쾨니히스베르크에는 칸트, 코펜하겐에는 키르케고르가 걷고 사유하던 '철학자의 길'이 있다. 하물며 니체는 자신에게 세 가지 오락이 있다고 하였는데, 첫째는 쇼펜하우어, 둘째는 슈만의 음악, 마지막은 걷기, 즉 혼자만의 산책이라고 했다. 이렇게 많은 철학자들이 걸었다. 오늘날의 철학자들이라고 다를까. 비트겐슈타인도 걸었고 보행을 우리 몸을 세계와의 관계 속에 이해하는데 필요한 경험이라고 말한 현상학자 후설도 걸었다. 발터 벤야민은 그의 마지막 저서『아케이드 프로젝트』에서 파리의 뒷골목을 배회하는 매력을 이야기하고 있다. 이렇게 보행은 아래로 학습되지 않으면서도 옛날부터 전해져 왔던 철학자들의 사유적 행위로써 몇 안 되는 방법이었던 것이다.

나는 매일 걷는다. 언제부터인지 기억은 나지 않지만 매일 걷는다. 아침 출근길에 걷고 점심을 먹고 걷는다. 그 길은 누군가와 함께 걸을 때는 토론의 공간이 되고, 혼자 걸을 때는 사색의 공간이 된다. 나에게 걷는다는 것은 즐거움이다. 걷는 행위는 생각을 비우는 시간이 되고, 정리하는 시간이 되기도 하다.

거리의 풍경을 지나가는 일은 생각 속을 지나가는 일이 되곤 한다. 걷다 보면 만나는 동네 이웃과 나누는 밝은 인사는 새로운 기억으로 나를 채우게 된다. 그냥 마주치는 사람들을 보며 그들의 인생을 그려보고, 가게들의 진열대에서 파는 물건들을 보는 재미도 있다. 매일 걷는 길이지만 못 보던 간판이 새롭게 눈에 띄고, 겨우 첫 삽을 뜬 공사장을 본 지 얼마 안 된 그곳엔 어느덧 우뚝 선 빌딩도 신기하다. 건물들 사이로 달이 뜨는 것을 보거나, 가로수에서 들리는 여름 매미의 울음소리도 집 안에서 사무실에서는 생각지 못하던 기쁨이다. 나와 같이 길을 걷는 사람들도 다르지 않을 것이다. 저마다의 풍경을 경험할 것이다. 이처럼 길 위의 풍경이 다른 것은 걷는 사람들 각자의 욕구와 상황이 반영된 결과물이다. 키르케고르가 얘기했던 삶에서 얻는 중요한 행복이 우연하고 사소한 것들에 있다면, 결국 이런 행복은 자동차를 타는 사람들은 알 수 없는 걷는 사람들만의 비밀이 된다. 걷는 것이 경이로운 것은 이 때문이다.

걷기의 경이로움은 도시의 공공성과 생명력에도 미친다. 도시가 가져야 할 공적 공간의 공공성과 생명력에 대해 제인 제이콥스(Jane Jacobs)는 그저 길 위에 많은 사람들이 있는 것만으로도 범죄로부터 안전해진다고 하였다. 거리를 나온 사람들은 자신들도 모른 채 연대하고 있으며, 그것이 공공성과 도시의 생명력을 지키는 힘이 된다는 뜻일 것이다. 걷기는 시민권의 시작이며, 자기가 사는 도시를 알아가는 행위이고 연대의 힘이다. 자동차의 빠른 움직임으로는 잡을 수 없는 나와 타인의 연대, 도시 공간 속에서 나를 느끼는 것은 걷는 행위를 통해서만이 가능한 것이다.

16세기 말 마차가 본격적인 이동 수단이 되기 전까지 걷는다는 것은 우리의 일상이었다. 도시는 빠르게 달리는 마차로 더럽고 위험하고 어두운 곳이 되었다. 보행자는 대낮에도 마차에 공포를 느꼈다. 귀족도 부유층도 아닌 보행자들은 자신들의 길을 빼앗겼다. 오늘날의 도시와 비슷한 정도로 깨끗하고 안전한 도로는 19세기가 되어서야 생겨나기 시작했다. 그러나 그것이 보행권의 회복을 의미하지는 않는다. 보도 턱이 생기고, 가로등, 도로명, 교통법규, 교통신호가 발명되고, 가로수와 산책로, 공공정원이나 공원은 걷는 사람들을 위한 것이 아니었다. 도시 부자들을 위해 만들어졌다. 도로를 계급에 따라 구획하고 단절된 장소로 굳힌 것에 지나지 않았다. 마차는 부를 과시하고자 했던 부자들의 욕망을 공적 공간인 길 위에서 만족시키려 했다. 하물며 센트럴파크도 처음에는 부자들의 호화로운 산책로였고 마차는 계층을 구획하는 역할을 했다. 마차가 도로의 주인이 되면서 길거리는 구정물과 쓰레기, 말똥으로 흘러넘쳤다. 사람들이 걷지 않는 거리엔 추잡한 거래가 많았다. 길거리는 범죄자, 하층민만이 어슬렁거리는 공간이 되어버렸다. 마차가 사람을 쳐서 상해를 입혀도 처벌이 없었고, 거지들이 행인을 붙잡고 구걸하고, 거리를 서성이는 여자는 매춘부라고 인식되었다.

평범한 사람들이 도시에서 자유롭게 걸을 기회를 위협하는 요소들은 오늘날 더 많아지고 있다. 집안에서 카페 안에서 온라인 게임과 스마트폰 등 여가 활동에 더 많은 시간을 쏟게 하고 있다. 다른 나라에서 전쟁이 발발해도 인터넷이나 뉴스를 통해 영화 속 장면처럼 바라보는 시대이다. 날아가는 포탄이 사람이 살고 있는 건물에 맞아 폭발이 일어나는 것을 점심 식사를 하면서 지켜볼 수도 있다. 사건이나 사물이 대상화될수 있다고 해서 일상의 파괴력이 사라지는 것이 아니다. 도시 공간에서 여전히 나는 존재하며, 걷는 행위도 길 위에서 일어나는 육체적인 행동임은 달라지지 않는다.

산업혁명으로 도시의 환경이 더 이상 치유되기 어려운 지경에 이르자, 20세기의 도시계획가들은 도시의 과밀을 완화하고 주거지를 이동시키며 공장들을 멀리 분산시키며 위대한 성과를 거두었다. 이때부터 모든 것을 분리시키는 시대가 시작되었다. 주거지와 상업지, 공장지대가 분리되었다. 도시를 분해하는 조닝(Zoning)은 토지이용계획이란 이름으로 오늘날 도시계획의 기준이 되었다. 집에서 직장은 더욱 멀어지고 대중교통 없이는 자동차가 유일한 이동 수단이 되었다. 걸을 수 있는 보도보다는 달릴 수 있는 차도가 중요해졌다. 자동차로 이동하는 사람들에게는 이제 걸을 절대적 시간조차 남아있지 않다. 이젠 걷는다는 것이 권력이 없고 지위가 낮다는 생각이 과거 마차 시대와 다르지 않다. 많은 도시는 도심 번화가가 사라지고 자동차 없이는 갈 수 없는 쇼핑몰이 생겨났다. 자동차가 없이는 효율적인 소비 활동도 할 수 없게 되었다. 20세기 중반까지 대부분의 도시에서 걷는 행위, 즉 보행은 도시계획가에겐 그늘진 행동이었다. 보행이 공공장소를 사용하고 공공장소에서 거주하는 가장 흔한 방법이라는 점을 거의 인지하지 못했다. 1960년대 LA 도시설계자들이 원활한 교통을 방해하는 가장 큰 장애물은 여전히 보행자들이라고 말한 것은, 1990년대 캘리포니아에서 횡단보도를 1000개 이상 없앤 정책과 다르지 않다.

서구 사회가 보행권을 고민하기 시작한 것이 1950년대라면, 우리는 50년이 지난 2000년 이후라고 봐야 한다. 1953년 전쟁의 잿더미에서 시작한 우리는 서구 사회가 보행자 권리를 도시계획에 담고자 할 당시, 자동차 중심사회로 진입하는 과정이었다. 당연히 자동차 중심의 도시, 역으로는 보행자 권리가 길 위에서 가장 심각하게 침해받던 시기였다. 2000년이 되어서야 교통약자란 법정 용어가 만들어졌고, 2012년이 되어서야 일명 보행법*이 제정되었다.

---

* 보행안전 및 편의증진에 관한 법률

우리는 아직 갈 길이 멀다. 도시계획가들이 손을 놓고 있었던 것은 아니지만, 그들은 보행자의 접근과 안전을 방해하는 장애물─자동차와 사람을 떼어놓으려는 시설들─인·보도, 횡단보도, 신호등, 가로등을 설치하는 데 주력했을 뿐이다. 그런데, 이러한 노력만으로 과연 걷기 좋은 환경이 만들어졌을까? 보행법 제정 후 10년이 지난 지금도 도시는 넓은 차도와 좁은 보도, 드라이브 스루 상점, 거대한 주차장은 오로지 자동차가 중심이 되는 거리 풍경을 만들어내고 있다. 걸어 다닐 수 있는 삶이란 그저 이론적으로만 가능할 뿐이다.

오히려 과거에는 급진적인 도전과 성공적인 프로그램들도 있었다. 1970년대 네덜란드의 본엘프(Woonerf), 영국의 홈존(Home Zone), 프랑스의 존 드 라콩(Zone de Recontre) 등이 대표적이다. 일본 도쿄의 도지사 미노베 료기치의 미노베 방정식은 걷고 싶은 거리의 이상적 모습을 보여주기도 했다. 그러나 이들은 도시 전체를 살아야 하는 우리에겐 단절된 섬과 같을 뿐이다. 지역적으로 극히 일부에 지나지 않을 뿐이며, 자동차를 타는 사람들에겐 가혹한 희생을 강요했기 때문이다. 보행자로서 거리를 다닐 때는 자동차와 불법 주차에 불편과 짜증을 느끼면서도, 운전석에 앉는 순간 보행자를 걸림돌로 여기게 된다는 사실은 간과한 것이다. 이것이 지나친 이상주의가 꿈을 꿀 수는 있지만 현실이 될 수 없다는 것이고, 이들 이상향의 한계인 것이다.

그렇다면 어떻게 해야 하는가? '배려'의 사전적 의미는 여러 가지로 마음을 써서 보살피고 도와준다는 것인데, 이는 여러 가지 다른 여건에 처한 사람들이 있다는 사실에 기반한다. 따라서 배려는 세상에는 나와

다른 사람인 타자가 존재하며 그 여건이 나와 다를 수 있다는 점을 인
정하는 데서 시작되며, 다른 한편으로는 내 안의 타자성을 발견하는 데
서 시작된다. 쉽게 말하면 운전자로서의 나는 동시에 걷기를 욕망하는
자라는 사실을 인지하여야 한다. 내 안의 타자성을 발견하면 나와 타자
를 인지하게 되고 그것이 바로 배려로써 나타나 도시 걷기의 다양성과
확장성, 우연성을 담아낼 수 있는 것이다. 가로수를 아름답게만 생각하
는 정책가, 도시계획가는 운전자와 보행자가 느끼는 불안이나 불편을
인지하지 못한다. 거기에 장애인까지 고려하는 것은 거의 불가능에 가
깝다. 그 결과 시설을 계획하고 공급하는 사람들은 법과 지침만으로 설
계를 한다. 그래서 배려를 놓칠 수밖에 없게 된다.

2009년 나는 일본의 가로 환경 개선 프로그램을 견학하러 갔었다.
걷기의 모범 사례를 보기 위함이었다. 그러나 정작 나를 감동시킨 것은
다른 곳에 있었다. 일본에서 머물던 숙소에서 하마마츠쵸역으로 가는
길목인 시바다이몬에서 보도의 맨홀 뚜껑 위로 연결된 점자블록과 가
로수 옆 공간을 보도로 확장한 모습을 보았다. 영국 런던에서도 비슷한
경험을 했다. 도로를 횡단하는 보행자는 자동차가 사람에 주의하며 운
전한다고 믿는다. 그러나 그런 믿음은 보행자의 착각이며 매우 위험한
생각이다. 영국 런던의 횡단보도 앞에 적힌 'LOOK LEFT' 표시는 보행
자에게 운전자를 믿지 말고 더욱 능동적인 자세를 취하라며 요구하는
것이다. 걷는 사람, 보행자를 위한 정책과 시설은 이처럼 '배려'를 통해
서만이 완전한 길을 만들어 낼 수 있는 것이다.

여행에서 돌아와 떠오르는 장소들이 있다. 내 의식이 집어낸 그 장소들은 늘 거리의 풍경과 함께 있고 그때 나는 걷거나 두 다리로 머물고 있었다는 것을 기억한다. 파리의 거리, 바르셀로나의 거리, 로마와 피렌체의 거리들. 그 속에서 우리는 또 다른 하나 보행자, 걷는 자들에 대한 배려를 볼 수 있어야 한다. 우리나라 도시 수준은, 정확하게 우리의 정치 사회 문화 수준을 있는 그대로 반영하고 있는 것인지도 모른다. 따라서 시간이 필요하며 기다리면 저절로 개선될 것이니 굳이 서두를 필요가 없다고 주장할 수도 있다. 하지만 역사는 현실을 깨려는 노력에서 발전이 있었던 점을 기억하고 싶다.

(이 책에서는 '걷기'와 '보행'을 혼용하여 사용하고 있다. 다만 걷기는 일상 혹은 산책과 같이 자연어적인 의미, 보행은 가급적 법이나 제도적인 관계 내에서 쓰고자 했다. 그럼에도 전체적으로 걷기와 보행에 분명한 차이를 두고 글을 쓰지는 않았다.)

2022년 12월
변 완 희

Contents

Part 01.

배려가 사라진
도시

1장

우리 혹은
타인의 공간

평균적인 인간이라는
환상

 우리나라에서는 서구의 모더니즘, 또는 그와 비슷한 것조차 우리 일상에 제대로 자리 잡아본 적이 없다. 조국 근대화의 기치 아래, 국가와 사회 구석구석까지 효율성이라는 화두에 휩쓸려 많은 문물이 바뀌었다. 그 결과, 키나 몸무게, 기말고사 성적, 인사고과 결과, 연봉, 나이 등에 이르기까지 숫자로 사람을 나타내는 일에 익숙해진 지 오래다. 미야자키 하야오의 애니메이션 〈센과 치히로의 행방불명〉을 보면 마녀가 주인공 치히로의 이름을 빼앗아 센을 지배하는 장면이 나온다. 원래의 이름을 새로운 명명법을 통해 바꾸어 부르면서 본래의 존재를 망각하도록 하는 일은 왠지 낯설지 않다. 군대에 가서 훈련을 받게 되면 먼저 이름 옆에 자신의 계급을 붙여 답하는 것부터 배운다. 부분으로 새롭게 표상되는 전체는 이렇게 작은 차이에서 시작된다. 하지만 시간이 지나면서 그 명칭으로 인해 스스로의 작은 행동부터 생각하는 방식에 이르기까지 모두 것이 영향을 받게 된다.

일정한 공간 속에서 집합적인 삶을 영위하면서 우리는 공간을 알뜰하게 나눠 써야 하는 상황에 놓였고, 시간을 아껴 써야 하는 처지가 되어버렸다. 이를 위해서 우리는 복잡한 개개인의 특질보다는 공통되는 것들에 기반하여 공간을 나누고 이용하는 것이 효율적이라고 생각하게 되었다. 이러한 기획의 시작은 사실 상식적인 것에서 시작한다. 예를 들어 키가 2m를 넘는 사람은 흔치 않은데 그런 사람을 고려해서 의자의 크기를 정한다면 모든 의자가 너무 커지는 결과를 낳게 될 것이다. 우리가 살아가는 공간도 마찬가지다. 일정한 기준을 정해서 함께 사는 공간을 만들고 이용하도록 하는 것이 효율적인 공간 이용방법이라고 여기게 된다. 그런데 집합적인 효율성을 위해 채택한 평균값은 과연 문제가 없는 것일까? 한 번쯤 의심해 볼 문제다.

현실 속에서 수량화할 수 없는 것들이 많다는 것은 쉽게 알 수 있다. 결혼을 결심하는 이들이 과연 수량화된 기준으로 상대를 선택할 수 있을까? 기업의 미래가 걸린 투자 결정을 수량화된 보고서만으로 결정할 수 있을까? 중요한 문제일수록 주어진 숫자만으로는 판단할 수 없다는 것을 깨닫게 된다. 하지만 일단 수량화된 값들은 나머지 애매모호한 질적인 판단보다 우위를 점하게 된다. 통증클리닉에서 환자에게 현재의 통증을 1부터 10까지 숫자로 나타내라고 질문하지만, 사실 그런 질문을 받으면 답변하기 정말 어려워진다. 나의 통증은 과연 '5'일까. '6'보다는 못한 것일까? 많은 통계적 모형들을 살펴보면, 그 결괏값이 실천적인 관점에서 너무도 제한적인 함의를 가지는 경우가 많다. 많은 숫자들을 가지고 도출한 결괏값이 나의 관점에서 동의하기 어렵다면 스스로의 편견이라 단정해야 하는 것일까?

'평균적인 인간'이라는 환상은 많은 이들을 곤란한 상황으로 몰아가기 쉽다. 책상 위에서 도면 위에서 평균적인 값을 가지고 고민하는 것은 어쩔 수 없는 일인지 모른다. 공간에 관한 결정은 수백 명, 수천 명, 아니 수만 명의 이해관계가 맞물려 있다. 결정을 위해 모든 사람들을 만나고 겪어볼 수 없으니 간략하게 수량화하는 방법을 선택하는 것이다. 이른바 '복잡성의 감축' 과정이다. 수많은 사람들은 저마다의 의견과 선호가 있으니 그것을 세세히 살펴보고 반영하는 것이 불가능한 상황에서는 상황이 갖는 복잡성을 일정하게 다룰 수 있는 수준으로 간략하게 만들어야 한다. 그 과정은 생각보다 거친 경우가 많다는 것이 문제가 될 수 있다. 복잡성을 어떤 경로로 감축할 것인지 함께 고민하고 결정했는지가 중요해지는 것이다.

우리를 단순한 수치로 대체하는 과정에서 복잡성의 훼손이 일어났다면, 그 책임은 복잡성의 감축 과정을 결정한 이들에게 있다. 〈가타카〉라는 영화에서는 유전자의 결함 여부로 개인의 진로를 결정한다. 유전자가 개인의 모든 역량을 결정한다고 여기는 것이다. 방대한 유전자로 개인을 판단하는 것은 일견 타당해 보이지만, 그 유전자가 형질로 발현되는 과정에서는 환경적 요인에 의해 좌우되는 부분도 적지 않다. 유전자로 개인을 판단하는 것은 부분적으로만 합리적인 셈이다. 하지만 이런 환경적 요인은 유전자 검사처럼 간단하게 판단할 수 없으므로 부분적인 합리성을 반올림하여 전체적인 합리성이라 강변하게 된다. 하지만 진실은 부분적일 수 없기 때문에 가타카의 체제는 근원적인 모순과 불합리에서 결코 벗어날 수 없게 된다.

우리의 현실에서는 가타카의 유전자 검사만큼 종합적인 정보를 얻는 것이 거의 불가능하며, 까마득하게 엉성한 정보만을 가지고 판단하는 경우가 적지 않다. 중요하고 어려우며 많은 사람들이 관여된 공간일수록 정보는 부족하고 판단 과정은 불투명하기 쉽다. 그럼에도 불구하고 개인의 입장에서 볼 때 막대한 자원이 매시간 특정한 방향으로 투입되어 일정한 영향을 발생시키고 있는 것이 현실이다. 몇몇 개인이 감당하기 어려운 수많은 사람들의 삶에 영향을 미치는 일이 넓디넓은 공간에서 벌어지다 보면 어쩔 수 없는 것이라 생각할 수도 있다.

그런데 문제는 이런 것이다. 그러한 결정으로 인해 몇 명의 어려움까지는 감수해도 좋다고 말할 수 있는 것일까? 전체 대상자들의 1% 정도면 무시해도 될지, 아니면 10%까지는 감수할 수 있는 것인지 알기 어렵다. 유럽의 '비전 제로' 정책을 살펴보면 단 한 사람의 희생자도 감수해선 안 된다는 철학을 바탕으로 교통체계를 운영할 것을 요구하고 있다. 진실은 부분적일 수 없다는 말처럼 작은 희생에 대한 고민이 없다면 점차 큰 희생에도 무감각해지기 마련이다. 모두 함께 살고 있는 공간에서 우리는 어느 정도의 타인의 희생을 (왜 우리 스스로) 감수하고자 하는가?

공공 정책이나 사업 결정 과정 중 일어나는 복잡성의 감축 과정에서 오늘은 운 좋게 우리의 편익이 살아남았지만, 내일도 그 행운이 계속될 것이라는 보장은 없다. 바로 그 순간, 곁에 있던 다수는 우리의 어려움을 기꺼이 감수(?)하며 지나치고 말 것임을 쉽게 예상할 수 있다. 이 지점에서 집합적인 삶에 영향을 미치는 개별적인 의사 결정의 공공성에 대한 고민이 필요하다. 길을 걷다가 어려움에 처한 이들에게 손을 내미는 것은 아름다운 일이다. 어려움은 개인적인 형태로 나타나지만, 이것이 구조적인 상황에서 기인한다는 사실은 그 어려움에 직면한 사람이 아니면 깨닫기 어렵다.

당신이 평균적인 범주에서 벗어날 때

　배려의 사전적 의미는 여러 가지로 마음을 써서 보살피고 도와준다는 것인데, 이는 여러 가지 서로 다른 여건에 처한 사람들이 있다는 사실에 기반하는 것이다. 세상에는 나와 다른 사람인 타자가 존재하며 그 여건이 나와 다를 수 있다는 점을 인정하지 않으면 공존은 불가능하다. 다름을 인정하기 위해서는 용기가 필요하다. 유발 하라리에 따르면 생활을 부족 단위로 하는 사람들은 함께 식사하지 않는 이들과는 거래하지 않는다고 한다. 친숙하지 않거나 신뢰의 경험이 쌓이지 않은 타인들과 거래하지 않는다는 의미는 나와 동일한 대상으로 상대를 인정하기 어렵다는 것을 의미한다.

　이러한 인식 차원의 장벽은 타인에 대한 불안감, 알 수 없는 대상에 대한 합당한 의심에 기반하여 만들어진다. 일차적이고 본능적인 이런 장벽이 없다면 자연 상태의 인간은 무언가에 희생될 가능성이 높았을 것이다. 그러나 이러한 장벽을 넘어서기 위해 문자와 종교와 같은 문화적 수단과 체계가 마련되었고, 같이 식사하지 않는 이들과도 거래할 수 있게 되면서 공동의 이익을 함께 추구하는 집단의 크기가 커질 수 있었다고 한다. 본능적이면서 감정적인 차원에서 벗어날 수 있었던 집단만이 부족의 상태를 넘어서서 보다 발전할 수 있었다는 것이다.

우리가 식사를 함께하는 이들에게만 신뢰를 부여하던 세계에 머무르지 않고, 문자, 종교, 나아가 문화를 공유하는 이들에 이르기까지 신뢰를 부여하는 세계로 나아가면서 더 많은 문명과 힘을 가지게 되었다는 점은 시사하는 바가 크다. 이 과정에서 우리는 다른 특성을 가지고 있음에도 불구하고 타인을 인정해야 하는 합리적 근거를 찾게 된다. 타인에 대한 인정은 어느 정도 위험을 감수하는 일이지만 그러한 인식의 확장을 통해 우리는 더 큰 세계, 더 나은 세계로 나아갈 수 있는 것이다.

이제 우리는 언어나 피부색이 다른 이들과 함께 일하고 일상의 공간을 나누는 세상을 살아가게 되었지만, 물리적인 변화가 인식의 지평을 바로 열어주지는 않는다. 자동차를 탄 사람들은 유모차를 밀거나 버스를 타는 것을 생각하기 어렵다. 휠체어가 건너갈 때까지 차들이 기다려주지 않는 것은, 자신이 그런 입장이 된다는 것을 생각하기 어렵기 때문이다. 다른 사람들의 입장에 대한 상상력의 빈곤이 여기서 드러난다. 사람들이 모이는 대중교통 수단이나 시장에서, 그리고 학교나 일터에서 자신과 다른 다양한 입장의 사람들을 좀처럼 만나기 어려운 것은, 그들을 해당 공간에서 밀어내는 보이지 않는 힘 때문인지도 모른다.

많은 사람들이 모인 외국의 학회나 시장에 가면 괜히 움츠러들게 된다. 퇴근길 버스에 고등학생들이 우르르 타서 와글대는 상황에서도 겸연쩍기가 십상이다. 특히 그들이 우리에게 생소한 언어를 사용하는 상황에서는 더욱 그렇다. 장소와 시간에 따라 취약한 소수자가 되는 것은 순간이다. 이러한 경험은 평소 느끼지 못했던 불편함과 불안감을 체감하게 해준다. 물 밖에 나온 돌고래처럼, 정글에 들어간 북극곰처럼 갑자기 모든 것이 낯설고 어려워지는 순간이 얼마나 많은가. 이 세계에서 우리는 익숙한 몇몇 시간과 공간에서 편안해하며 여유를 누리지만, 한편으로는 여러 이유로 우리 또한 저들처럼 낯설고 긴박한 상황에 놓일 수 있다는 점을 인식해야만 한다.

평균이라는 통계학적 개념을 사용한 것은 기실 몇백 년도 되지 않았다. 이 사실은 평균이라는 개념으로 많은 문제에 접근하는 현대 사회의 한계를 보여준다. 국회의원 한 사람의 재산이 조 단위가 되면 국회의원들의 평균 재산은 엄청나게 상승하게 된다. 이러한 특이한 사건은 평균값이 갖는 대푯값으로서의 지위를 흔든다. 이 경우, 어째서 왜곡이 발생했는지 적절한 설명이 없다면 많은 당사자들에 대한 오해가 발생하게 된다. 집합적인 사람들을 대상으로 하는 의사 결정일수록 이러한 왜곡은 매우 조심하지 않으면 안 된다. 대체로 정책 결정자들은 '이러저러한 이들이 이 도시를 이용할 것이므로 이 정도로 하면 된다'고 생각한다. 이런 생각은 일하는 사람의 입장에서는 편리하지만, 막상 이용자 입장에서는 매우 답답한 결과를 낳을 수 있다. 일하는 사람의 입장에서 효율적일수록 이용자의 입장에서 불편하다면, 그 효율은 일의 목적에 부합되는 효율이 아니다. 따라서 여러 사람들이 관련된 일을 효율적으로 처리할 때는 그 효율성의 달성을 위해 간과되는 지점이 무엇인지 면밀하게 살펴보고 그 적절성에 대해 논의가 필요하다.

많은 점을 공유한다는 것은 의사 결정을 하는 데 있어 효율적이며 편리하다. 같은 결정을 내리기 위해 두 배의 시간이 필요하다면 그만큼 불편하게 된다. 따라서 다양한 일상생활의 문제를 해결하기 위해 일정한 행동 양식의 범위를 정하고, 그 안에서 의견을 조율해가면 복잡다단한 문제들을 논의하는 데 소요되는 에너지를 절약할 수 있다. 그러한 일련의 선호 조건들의 범위를 관습적으로 정한 것이 지역적인 문화라 볼 수 있을 것이다. 그런데 이러한 효율성과 편의성은 문제의 당사자가 타자인 경우, 혹은 문제의 본질이 이질적인 경우에는 오히려 장애가 되기 마련이다. 문제를 겪는 이의 선호와 문제가 일어나는 원인 자체가 다른 상황임에도 불구하고 기존의 문제 해결의 관행과 문화에 젖어 있다면, 문제를 겪고 있는 사람이 문제라고 여기거나 문제 자체를 부정하는 것이 간편해진다.

공통의 의제에 관한 생각과 의사 결정을 돕는 도구로써 이용해오던 문화적 관행은 여건이 다른 타자의 문제에 봉착할 때 무기력해진다. 그리고 무기력함을 느끼는 이들에게 가장 쉬운 도피처는 책임을 누군가에게 전가하는 것이다. 이를테면 재빠르게 다가오는 차를 비켜설 요령도 없으면서 길을 나선 이들이 문제인 것이지, 신체 건강한 어른이 아니면 건너기 어려운 횡단보도에는 문제가 없다는 것이다. 멀쩡한 표지판도 읽기 어려운 이라면 애초에 혼자서 길을 나서서는 안 된다는 것이다. 하지만 이런 방식으로는 누구나 특정 상황에서 희생자가 될 수밖에 없다. 삶의 모든 순간, 모든 장소에서 평균적인 다수자일 수는 없다. 누구나 한때는 어린이였고, 언젠가는 어린이를 돌보는 입장이 된다. 가끔 다리가 아프거나 술에 취하기도 하며, 무거운 짐을 나르기도 하고, 먼 훗날 나이가 들어 길을 걷기 힘들어질 것이다. 어느 날 갑자기 평균적인 범주에서 벗어나는 일은 개별자로서 살아가는 평범한 사람들에게 필연적으로 찾아오는 숙명이다. 바로 그 순간, 그동안 무심코 지나쳐왔던 많은 소수자들의 어려움이 떠오를 테지만 때는 이미 늦었다.

횡단보도를 건너는 노인

다양한 우리를 배려하는
도시로

우리와 다른 타자를 배려하는 것은 내 안의 타자성을 발견하는 것에서 시작된다. 일상을 둘러싼 물리적 실체, 즉 우리의 도시 공간은 한번 만들어지면 쉽게 바뀔 수 없고, 우리가 낸 세금이 많이 투입된다. 따라서 무엇보다도 신중해질 필요가 있다. 지금의 내가 아닐 수 있는 바로 곁의 다른 이들의 상황을 살펴보지 않는다면, 도시는 한순간에 벽으로 바뀔 수 있다. 우리는 자신의 신경계에 대해 무한한 신뢰를 가지고 있지만 현실은 그와 다르다. 우리가 가지고 있는 감각기능의 불완전함, 연산능력과 기억장치의 취약함을 생각해보면, 일정한 인지적 패턴에 과도하게 의존하는 것도 당연하다. 시각적 인지만 하더라도, 경험적 인지 패턴 없이 시각정보만으로 주변 상황을 이해하는 것은 매우 어렵다. 반복된 시행착오를 통해 주변의 사물이나 환경에 대한 정보가 패턴으로서 습득되는 과정을 거쳐야 시각적 정보에 대한 즉각적 이해가 가능하다. 따라서 적절한 인지 패턴의 습득과 활용은 일상생활에 있어 너무나 필수적인 것이다. 그러나 이렇게 습득된 인지 패턴은 역설적으로 사각지대를 가지고 있으며, 이를 극복하는 것은 개개인에게 매우 힘든 일이다. 특정 분야의 전문가가 다른 분야에 대해서도 깊은 통찰력을 갖기가 어려운 것과 마찬가지다. 이른바 인식론적 사각지대의 존재가 불가피하다면, 관행적 의사 결정이 가질 수 있는 오류의 가능성에 대해 지속적으로 살펴보는 수고가 반드시 필요하다.

마리오트의 맹점 실험

먼저 왼쪽 눈을 가리고 오른쪽 눈으로 그림의 십자 표시를 응시한다. 그리고 눈을 멀리 가까이 하여 거리를 조정하다 보면 어느 지점에서 검은 원이 사라져버린다. 다음에는 반대로 오른쪽 눈을 가리고 왼쪽 눈으로 그림의 검은 원을 응시하면서 거리를 조정하다 보면 마찬가지로 어느 순간 십자가가 사라져버린다.

집단 지성이라는 말이 유행하고 있지만, 사실 우리의 공간에서 중요한 것은 집단 인성이다. 집합적인 의사소통을 통해 일정한 사실관계에 대한 적절한 파악과 그에 대한 의견이 모아진다는 점에서 둘은 유사한 개념이다. 하지만 그러한 의견 수렴의 과정에서 작동하는 잣대가 논리적인 것, 객관적인 사안만으로 그치지 않고, 가치판단에 대한 측면까지 담긴다면 이는 지성을 넘어 인성의 영역이라고 보아야 한다. 주어진 상황과 사실 아래 무엇이 더 중요하고 소중한가에 대해서는 개인적으로 다양한 판단을 가질 수 있지만, 집합적으로 이용하는 공간에서는 개인적인 가치판단을 넘어설 필요가 있다. 가령 사람이 길을 건너는 데 있어 자동차들이 지나가는 데 방해되지 않기 위해서라면 200m 정도는 길을 돌아가도 괜찮다고 생각하는지, 아니면 자동차들에게 어느 정도 방해가 되더라도 길을 건너기 위해 50m 이상 돌아가서는 안 된다고 생각하는지. 이런 문제는 가치판단의 문제라 할 수 있다.

사실 집단 인성 문제라면 집단의 멤버십을 어떻게 운영할 것인지를 두고 첨예하게 대립하게 된다. 공공성 문제를 다룰 때 등장하는 클럽 멤버십의 문제는 집단의 멤버십 문제와 밀접한 관련을 갖는다. 흑인이나 여성의 참정권 허용이 논의 대상조차 되지 못하던 시기가 있었고, 어린이나 청소년에게 체벌이 당연하게 허용되던 시기도 그리 오래되지 않았다. UN의 아동친화도시 인증을 받기 위해서는 어린이가 참여하는 회의체가 만들어져야 한다. 같은 맥락에서 은퇴한 노인들이 안전하게 걸어다니기 위해 운전자들이 더 천천히 달리도록 규제할 필요가 있는

지 노인들의 의견을 정기적으로 수렴하고 정책에 반영할 필요가 있다. 함께 살아가는 이들의 처지와 의견을 무시할수록 공공 정책을 수립하고 집행하기는 용이해진다. 하지만 곁에서 힘들어하는 이들의 어려움을 해결해줄 수 없다면 공공 정책의 공공성, 나아가 그 존재 이유는 점차 희미해질 것이다.

날마다 나타나는 위험과 불편함을 무시하기 위해서는 비용이 발생한다. 그 비용은 공공 정책을 수행하는 과정에서도 나타나지만, 당장 관련이 없어 보이는 이들에게도 발생한다. 특별한 사정이 있는 이들의 의견을 배제하고 그로 인한 잡음을 없는 것으로 돌리기 위해서는 공공 정책에 있어 일정한 절차적 장벽과 시한을 정하고, 때로는 강화할 필요가 있다. 이러한 차단장치가 일단 사용 가능해지면, 이제 그 장치의 대상은 필요하다면 언제라도 가변적으로 정해질 수 있게 된다. 어제까지는 잘 통하던 전화기가 오늘 갑자기 불통이 되는 일이 우리에게도 발생할 수 있다. 다수에 기반한 인식론적 사각지대는 때로는 고의적으로 전개된다. 도시를 조성하고 이용하는 과정에서 나타나는 무시 비용은 당사자가 되기 전에는 알아채기 어렵지만, 어느 순간 우리 앞에 벽처럼 나타나기 마련이다.

다른 나라에서 전쟁이 발생해도, 인터넷이나 뉴스를 통해 영화 속 장면처럼 바라보는 시대가 되었다. 날아가는 포탄이 사람이 살고 있는 건물에 맞아 폭발이 일어나는 것을 점심 식사를 하면서 지켜본다. 사건이나 사물이 대상화될 수 있다고 해서, 일상에서의 파괴력이 사라지는 것은 아니다. 따라서 우리에게 주어진 도시 공간의 특성을 맛집 포스팅이나, 택시호출 앱을 통해 간편하게 소비하더라도 그 공간이 갖는 물리적인 힘은 끝내 우리의 선호와 의지를 시험하게 된다. 서 있는 곳이 달라지면 풍경도 달라진다. 강 건너 전장을 구경하듯 도시의 획일성과 일방성을 방관하는 가운데 조금씩 우리의 다양한 가능성은 제약되고, 도시는 일정한 평균치 범주 밖으로 한 발만 내딛어도 위험천만한 곳이 되어가고 있다. 다양한 우리를 배려하는 도시만이 나만의 다양성과 확장성, 우연성을 담아낼 수 있는 도시가 될 수 있다. 이 사실을 함께 이야기하지 않는다면, 우리 모두가 평균이라는 끔찍한 미로 속에서 지속적으로 헤매고 말 것이다.

우리의 도시는
어떤 모습인가?

보행권의 완성은
배려에 있다

우리가 바라는 '걷고 싶은 도시'란 무엇을 말하는 걸까? 이 답을 찾기 위해 '걷고 싶은 도시 만들기 시민연대'는 지난 수십 년간 고민해왔고, 그 결과물 중에서 가장 대표적인 것이 바로 '보행권 확보' 운동이다. 이는 걷고 싶은 도시의 핵심 의제가 보행권의 확보에 있다는 것을 의미한다. 또 하나 '보행안전 및 편의증진에 관한 법률' 제3조는 국가와 지방자치단체로 하여금 국민이 쾌적한 보행 환경에서 안전하고 편리하게 보행할 권리를 최대한 보장하도록 하고 있다. 또한 모든 국민이 장애, 성별, 나이, 종교, 사회적 신분 또는 경제적, 지역적 사정에 따라 보행할 권리에 있어 어떤 차별도 받지 않도록 하고 있다. 이 법은 보행권에 대해 따로 정의하고 있지는 않지만, 보행권이란 것이 모든 시민이 쾌적하고 안전한 도로 환경에서 보행할 수 있는 권리임을 간접적으로 유추

할 수 있다. 즉, 장애인과 노약자를 포함한 모든 보행자가 넓고 깨끗한 도로를 기분 좋게 걸을 수 있는 도시, 보행자가 존중받으며 교통사고와 범죄로부터 안전한 도로를 자유롭게 거닐 수 있는 도시를 보행권이 확보된 도시, 걷고 싶은 도시로 볼 수 있는 것이다.

이처럼 걷고 싶은 가로 환경을 위해 오랜 시간 활동해 온 시민단체와 관련 법률조차도 보행권을 걷고 싶은 도시의 기본 조건으로 생각하고 있다. 따라서 우리가 바라는 '걷고 싶은 도시'란 다름 아닌 '보행권이 회복되고 이행되는 도시'라고 할 수 있겠다.

서구 사회의 보행권은, 도시 가로는 모든 사람의 것이며 모든 사람은 보행자라는 신념에 뿌리를 두고 있다. 1950년대 후반부터 이미 도시 내 보행자 공간이 활발하게 조성되었고, 1963년에 발표된 뷰캐넌 보고서(Buchanan Report)는 주거지 교통안전 및 보행 편의를 위해 통과 교통 배제를 주창하면서 도시계획에 일대 변화를 일으켰다. 이는 주거지역 내 자동차 통과 교통을 억제하는 오늘날의 단지계획과 유사한 개념이다. 1970년대 네덜란드에서는 주거지의 차량 속도를 크게 줄이고 보행자 중심의 가로체계로 정비하기 위한 본엘프(Woonerf) 사업이 시작되었다. 이어서 영국에서는 홈 존(Home Zone), 프랑스에서는 존 드 라콩(Zone de Rencontre) 등이 나타나면서 보행권 실현을 위한 시도가 계속되었다. 그리고 결국 유럽 의회는 1988년 오늘날 보행권의 기준이라 할 수 있는 '보행자 헌장'을 채택하기에 이르렀다.

보행권이 확보된 전형적인 가로 환경의 모습(일본 도쿄)

가까운 일본도 일찍부터 보행자 권리를 위해 다양한 노력을 기울였다. 그중 유명한 것이 도쿄 도지사 미노베 료기치(美濃部亮吉)가 1970년에 주장한 '미노베 방정식'이다. 미노베 방정식은 한마디로 '차도=도로-보도'로 정의할 수 있다. 즉, 도로 설계에서 필요한 보도를 확보한 이후 남는 공간을 차도로 사용해야 한다는 것이다. 이는 '보도=도로-차도', 즉 도로에서 필요한 차도를 확보한 후 남는 공간을 보도로 조성했던 기존 계획과는 정면으로 배치된다. 이 공식은 기존의 자동차 중심 도로 체계를 보행자 중심으로 바꾸려는 시도였다는 점에서 당시로서는 매우 혁신적인 주장이었다.

우리나라 보행 환경의 역사

서구 사회가 걷고 싶은 도시를 위해 심혈을 기울일 때 우리나라는 무엇을 하고 있었을까? 1953년 전쟁의 폐허 속에서 우리가 해야 할 일은 국가의 재건이었고 경제부흥이었다. 1955년 전국의 승용차 대수는 고작 7,000여 대에 불과했으나 빠르게 진전된 산업화와 경제부흥으로 자동차 역시 급속히 증가하였고, 도로 건설과 대중교통 보급이 정부와 지자체의 가장 시급한 과제가 되었다. 서울시를 예로 들면 2021년 자동차 등록 대수는 318만 대로 1958년 9,655대 이후 63년 만에 무려 328배로 늘었고, 올림픽대로 등 14개 노선의 도시 고속도로가 건설되었다. 또한 강남과 강북을 연결하는 대부분의 대교와 철교가 건설되었으며, 강남대로, 양재대로와 같은 24개 주요 간선 도로가 정비되었다. 1호선에서 8호선에 이르는 지하철 역시 1990년대에 개통을 완료했다.

이처럼 대한민국의 자동차 보급률이 크게 늘어나고 그에 따라 도로 및 대중교통 인프라가 건설되는 동안 반대로 보행자는 철저하게 소외되었다. 1960년대 중후반부터 자동차 소통을 원활하게 한다는 이유로 서울에서는 지하보도와 보행 육교 건설이 한창이었다. 지하보도와 보행 육교는 근대화의 상징처럼 여겨졌고 개통을 축하하는 행사가 열릴 정도였다. 지하보도와 보행 육교는 보도에서 시작하도록 만들었기 때문에 비좁은 보도가 도시 안에 마구 생겨났다. 게다가 도로교통법 시행규칙을 통해 지하보도나 보행 육교가 있는 주변에는 횡단보도를 설치할 수 없도록 하였다. 횡단보도 설치 민원에도 차량 소통에 방해된다는 이유로 매우 인색하게 대응했다. 뿐만 아니라 횡단보도의 신호등도 차량 소통이 우선이었다. 보행자 신호등의 녹색 시간에 건강한 성인의 보행속도 기준인 초속 1m를 적용했던 것이다.

1990년대에 들어서자 보행 환경은 주거지에도 큰 문제로 나타났다. 도로정체가 심해지자 차량들이 주택가 도로로 들어오기 시작한 것이다. 1970년을 전후해 일어난 토지구획정리 사업으로 주택가 도로는 좁았고 대부분의 주택에는 주차장이 없었다. 생활도로는 주차 차량으로 넘쳐 났으며 보행 환경은 점점 더 열악해졌다. 그러나 다행히도 1990년대 이후 보행권 회복을 위한 노력이 시작되었다. 그 시작에는 시민단체가 있었다. 1992년 녹색교통이 설립되었고, 1994년에는 '걷고 싶은 도시 만들기 시민 연대(설립 당시 명칭은 시민교통환경연구소)'가 이어서 발족되었다. 이 시민단체는 1996년 '걷고 싶은 서울 만들기 운동본부' 발족에 주도적 역할을 하였고, 이 운동본부는 서울을 사람 중심의 걷고 싶은 도시로 만들기 위해 서울시 보행 조례 제정 운동에 들어갔다. 이어 1997년 1월 15일에는 우리나라 최초로 '서울특별시 보행권 확보와 보행 환경 개선에 관한 기본조례(서울특별시조례 제3376호)가 정식으로 발표되었다. 이로써 서울시는 보행 조례를 갖는 첫 번째 지방자치단체가 되었다.

서울시는 보행 조례에 따라 이듬해인 1998년 '제1차 보행 환경 기본계획'을 수립하였다. 이 기본계획을 통해 사라진 교차로 횡단보도가 복원되거나 확대 설치되기 시작했으며, 보행 육교 및 지하차도가 철거되기 시작했다. 덕분에 서울 시내의 보행 육교는 거의 사라졌고, 광화문 네거리, 종각역 사거리, 예술의 전당 앞 등 2001년까지 112개소의 횡단보도가 복원되거나 새롭게 조성되었다. 한편 서울시는 '차 없는 거리 조성 사업'도 시작했다. 1997년 인사동길, 명동길, 관철동길에 이어 종로구 대명거리, 양천구 신정동길 등 8개소를 통해 시민에게 자동차로부터 해방된 보행 공간을 제공하였다.

2000년대 들어서면서 본격적인 법제도 정비가 시작되었다. 2005년 '교통약자의 이동편의 증진법'이 제정되어 교통약자가 쾌적하고 안전하게 보행할 수 있는 법적 기반을 마련하였다. 2009년에는 향후 가로 환경에 커다란 영향을 줄 변화가 있었다. '도로의 구조 및 시설 기준에 관한 규칙' 제16조 3항의 최소 유효보도폭이 기존 1.5m에서 2.0m로 확대된 것이다. 미국 FHWA는 최소 유효보도폭을 1.8m에서 3.0m로 두고 있고 유럽의 보행 친화 도시의 보도폭은 우리와 비교할 수 없을 정도로 넓은 만큼 아직 갈 길이 멀다. 하지만 기존에 비해 30㎝의 넓어진 보도폭은 쾌적한 보행 환경을 만들 큰 변화의 시작이었던 것이다. 2012년에는 드디어 '보행 안전 및 편의증진에 관한 법률'이 제정되었다. 이 법이 시행됨에 따라 중앙정부와 지자체는 국민에 대한 보행권을 보장해야 할 의무가 생겼으며, 기본계획 수립을 통해 각종 연구 및 정책 개발, 사업 추진 여건 등이 마련되었다.

한편 중앙정부의 보행권 회복을 위한 움직임과 별개로 서울시는 보행 환경 개선을 위한 독자적인 노력을 계속하고 있었다. 2007년 제정된 '서울시 보행우선지구의 지정 및 운영조례'에 따라 덕수궁길을 보행자 중심의 보·차 공존도로로 최초로 정비하였고, 2010년에는 우리가 바라는 보행 환경을 담아낸 '인도 10계명'을 선언하기도 하였다.

2011년에는 '아이들이 마음껏 다닐 수 있는 지역(Zone)'이란 의미의 아마존 조성 사업을 시작하였다. 이 사업은 어린이보호구역보다 더 확장된 공간에 더 풍부한 교통안전 시설, 놀이문화 공간, 통행 체계를 제공했다. 서울시는 또한 2012년 신촌역에서 연세대 정문까지 550m 구간을 대중교통 전용지구로 조성하였다. 이 구간은 버스와 16인승 이상 승합차만 통행을 허용한다. 또한 차로를 기존 12m에서 6~7m로 줄이고 보행 공간을 7~8m에서 13~14m로 확장함으로써 보행자 중심의 쾌적한 도심 가로 공간의 표본을 제시하였다.

　2021년 4월 17일은 '안전속도 5030'이 전국으로 확대 시행된 날이다. 안전속도 5030은 도시부 지역의 차량 제한속도를 간선 도로는 시속 50㎞, 주택가 등 국지도로는 시속 30㎞로 하향 조정하는 정책이다. 유럽 교통 선진국에서는 이미 1970년대에 도입되었고, OECD 37개국 중 31개국이 시행하고 있기도 하다. 우리나라는 2016년 경찰청, 행정안전부, 국토교통부와 12개 민·관·학 기관이 참여하는 '안전속도 5030 협의회'를 구성하여 부산 영도구, 서울 4대문 지역에서 시범적으로 운영하여 왔다. 이후 2019년 4월 도로교통법 시행규칙 제19조를 개정하여 법적 근거를 마련하였고, 금번 2021년 4월 17일 전면 시행에 들어갔다. 이 정책은 많은 연구를 통해 보행자 교통사고 사망자 및 중상자를 각각 37.5%, 30% 감소시킨다는 일관된 효과를 제시했으며, 일차적으로 보행자 교통안전에 큰 기여를 할 것으로 보인다.

　나아가 보행 환경에도 생각 이상의 큰 변화를 이끌 것으로 보인다. 기존도로는 시속 60㎞ 이상 기준으로 설계되어 있다. 그런데 안전속도가 시속 50㎞로 줄어들었으니 차로 폭을 줄일 수 있는 여지가 생긴다. 가령 현행 3.5m를 3.0m로 줄인다고 할 때 4차로 도로에서만 2m의 공간이 추가로 만들어지는 것이다. 이렇게 만들어진 공간을 보도 폭 확장에 사용한다면, 도시 내 보행 환경은 혁신적 변화를 맞이하게 될 것이다. 보도 폭만 넓어지는 것이 아니다. 차로 폭이 감소하면서 횡단거리가 감소하게 되며, 이것은 보행자의 안전 및 편의 증진에도 크게 기여할 것이다. 마침, 국토교통부 훈령으로 '사람중심도로 설계지침'이 2021년 3월 25일 제정 및 시행되었다. 이 지침 제14조를 보면 시속 50㎞의 차로 폭을 최소 3m로 하고 있으며, 30㎞는 2.75m로 제시하고 있다. 차로 폭을 줄이는 것이 이제 충분히 가능해진 것이다.

안전속도 5030

1990년대 이후 우리는 가로 환경 개선을 위해 법제도 정비에 노력을 기울여왔다. 그 결과 굵직굵직한 법령을 제정하였다. '교통약자의 이동편의 증진법', '보행안전 및 편의증진에 관한 법률', '장애인·노인·임산부 등의 편의증진 보장에 관한 법률' 등은 교통약자를 포함한 보행자에게 쾌적하고 안전한 가로 제공을 목표로 하고 있다. 이뿐만이 아니다. 도로교통법에 근거한 '어린이·노인 및 장애인 보호구역의 지정 및 관리에 관한 규칙', 도로법에 근거한 '도로의 구조 시설 기준에 관한 규칙', 국토교통부 예규인 '보도설치 및 관리지침'과 '도로안전시설 설치 및 관리지침' 등은 걷고 싶은 가로 환경을 조성하는 설계 지침을 제공하고 있다.

법 제도와 각종 지침으로만 본다면 우리나라도 결코 선진국에 뒤지지 않는다. 그렇다면 이것으로 충분한가? 다음의 사진은 우리나라의 생활가로에서 흔히 볼 수 있는 노면 표시로 도로교통법 시행규칙에 있는 '정지선'과 '진행 표시'이다. 좌회전과 직진이 있는 큰 도로에서 해당 차로의 진행 방향을 알리기 위해 필요한 표시이다. 그런데 진행 방향이라고는 직진 외에 없는 도로에 이 표시가 왜 필요할까?

일본의 생활가로는 분명히 다르다. 여기서는 '정지선'과 'とまれ(정지)' 표시가 일반적이다. 이 표시가 무엇을 의미하는지 왜 필요한지 군이 설명할 필요도 없을 것 같다. 물론 우리나라 도로교통법 시행규칙에도 이와 동일한 '일시 정지' 표시가 있다. 그런데 왜 일본의 생활가로에서 쉽게 볼 수 있는 것을 우리나라에서는 거의 찾아보기 어려운 걸까?

우리나라 생활가로의 흔한 진행 방향 표시(서울)

일본 생활가로에서 흔히 볼 수 있는 정지 표시(일본 도쿄)

아래 사진은 서울에 있는 한 도로이다. 아파트 단지가 들어서면서 단지 옆 도로에 보도를 설치하고 노상주차장을 설치한 모습이다. 법대로 했으니 문제가 없어 보인다. 전에 없던 보도까지 설치했으니 잘했다고 해야 할 것이다. 그러나 자세히 살펴보면 보도가 제 역할을 못하고 있다. 가뜩이나 좁은 보도는 우측의 화단과 보도 좌측의 노상주차 차량으로 인해 더욱 답답해 보인다. 새로운 보도 공간을 왼쪽 주택 쪽에 놓았다면 전면공지와 함께 넓은 보도가 조성되었을 것이고, 지금처럼 죽은 보도는 생겨나지 않았을 것이다.

좁은 보도와 그 옆 노상주차로 인해 제 역할을 하지 못하는 보도(서울)

배려를 통한 가로 환경의 완성

2009년, 가로 환경 개선 관련 연구 과제를 수행하던 필자는 일본을 방문한 적이 있다. '커뮤니티 존(Community Zone)'이라고 부르는 일본의 가로 환경 개선 프로그램을 견학하기 위해서였다. 당시만 해도 가로 환경이란 막연히 보도를 넓히고, 가로수를 많이 심어 도시경관을 아름답게 꾸미는 정도라고 생각했기 때문에 큰 기대를 갖지는 않았다. 그런데 일본에서 머물던 호텔에서 하마마츠쵸(浜松町) 역으로 가는 길목인 시바다이몬(芝大門) 부근 보도에서 '가로 환경이란 이런 것이구나' 느낄 만큼 감동적인 풍경을 목격하게 되었다. 내가 본 것은 맨홀 뚜껑에서도 자연스럽게 이어지는 점자블록과 가로수로 인해 버려진 공간을 보도로 확장해 사용하고 있는 모습이었다.

영국 런던에서도 비슷한 경험을 했다. 도로를 횡단하는 보행자는 자동차가 자기를 보면서 안전하게 운전할 것이라 믿는다. 그러나 그런 믿음은 사실이 아니며, 매우 위험한 생각이다. 영국 런던의 횡단보도 앞에 적힌 'LOOK LEFT' 표시는 보행자에게 운전자를 믿지 말고 더욱 능동적인 자세를 취하라며 요구하는 것이었다. 이후 필자는 도시의 가로 환경은 이렇게 사람에 대한 배려와 거기서 나오는 디테일에서 시작해야 한다고 믿게 되었다.

법 제도나 지침만으로는 개선되지 않는 것들이 있다. 우리나라 생활 가로에 엉뚱한 '진행 방향' 표시나 제 역할을 하지 못하는 보도가 여전히 존재하는 것은 가로 공간을 이용하는 사람에 대한 배려가 부족하기 때문이다. 우리가 오래 선망해왔던, 걷기에 안전하고 쾌적한 가로 환경은 다름 아닌 배려를 통해 가능한 것이다. 물론 가로의 계획, 설계, 시공 및 유지 보수에 이르는 관리의 치밀함이 기본적으로 필요하지만, 그 이전에 가로를 이용하는 사람에 대한 깊은 배려가 선행되어야 한다. 그런 의미에서 배려는 걷고 싶은 도시, 가로 환경을 완성시키는 가장 훌륭한 솔루션이라고 할 수 있다.

횡단보도 앞의 'LOOK LEFT'라는 글자가 횡단자의 주의를 끈다(영국 런던)

걸어야 하는 우리:
보행권에 관하여

누구나 처음으로 혼자 걷게 된 날이 있겠지만, 아마 기억하기는 어려울 것이다. 다른 사람의 도움 없이 걸어 다닌다는 것은 인생에서 큰 전환점과도 같다. 가고 싶은 곳을 자유롭게 걸어간다는 것은 인간이 독립된 생활을 꾸려가는 데 있어 무엇보다 필요한 능력이다. 걸을 수 없다면 당장 물 한 잔도 마음대로 마시기 어렵고, 화장실도 가기 힘들다. 누군가의 도움이 없으면 일상생활이 어려워진다는 의미다. 걷기는 자신의 의도를 충족시키기 위한 기본적인 능력이며, 일상에 필요한 이동성을 확보하는 최소한의 수단이다. 이렇게 중요한데도 불구하고 우리는 대부분 걷는 행동에 대해 별다른 인식이 없거나 대수롭지 않게 생각한다. 본인이 걷기 어려워지기 전까지 말이다.

특별한 장비나 준비 없이 걸어 다닐 수 있는 능력은 개개인에게 큰 혜택을 준다. 적절한 걷기는 실제로 운동이 될 뿐 아니라, 혈압을 낮추고 스트레스를 해소하는 등 건강에 도움이 된다. 심리적인 압박감도 산책을 통해 크게 완화될 수 있다. 다른 교통 수단을 이용하는 것과 달리, 걸어 다니는 일은 주변 환경에 직접적으로 자유롭게 몰입할 수 있으며, 주변 사람들과의 사회적 소통에도 훨씬 용이하다. 걷기가 가지는 이러한 특질은 단순히 이동을 가능하게 하는 것 이외에도 더 깊은 의미를 갖는다. 주변 환경과 끊임없이 영향을 주고받고 중립적인 공간에 의미를 축적하면서 '장소성'을 만들어가기 때문이다.

고속도로를 지나다니면서 도로마다 의미를 부여하고 굽이마다 기억하는 이는 많지 않다. 하지만 아침저녁으로 걸어 다니던 집 앞의 골목길이나 수업을 들으러 친구들과 함께 걸어가던 교정의 뒷길은 세월이 지나도 머릿속에 남는다. 비록 이동을 위한 수단으로 길을 걸었지만, 그 순간마다 주변 환경과 긴밀한 관계를 맺었기 때문이다. 공간에 대한 의미가 축적되기 위해서는 인간적 척도와 속도가 갖춰져야 한다. 주변을 찬찬히 살펴보고 공간과 시간이 주변으로 흘러감에 따라, 자신의 의도와 감정을 기반으로 연속적으로 떠오르는 상념과 감정들의 흔적이 장소에 천착되어 간다. 이러한 정신적 자산은 손쉽게 구축되지 않으며, 반복되는 시간의 흐름 속에서 누적되는 경험을 바탕으로 조금씩 켜켜이 쌓이게 된다. 그래서 오랜 시간이 흘러도 장소에 대한 기억과 정체성, 애정으로 자라나게 된다.

개인과 공간 사이의 관계가 형성되는 과정은 홀로 만들어지기도 하지만 도시에서는 집단적인 경험과 기억으로 묶이기도 한다. 동일한 공간에서 반복적인 경험을 통해 구축된 기억을 공유하면서, 장소에 대한 이미지를 공유하게 되는 것이다. 이 과정 속에서 조성된 이미지의 집합, 즉 구성된 인지 지도는 손쉽게 바뀌지 않는 정신적 공유자산으로 발전한다. 이러한 정신적 자산은 수량화되고 객관화되어 대체 가능한 수단으로 전락하기 쉬운 개별적인 사회구성원에게 심리적인 안정감과 소속감을 부여할 수 있다. 흔히 이야기하는 보행권은 단순히 길을 걸어갈 수 있는 권리에 그치지 않는다. 그것은 살고 있는 공간을 직접 연속적으로 느끼고, 그 안에서 장소에 대한 애착을 형성할 수 있는 기회를 개개인에게 부여하는 수단이자 권리로 보아야 한다. 하지만 역설적으로 대부분의 개인들이 보행에 대한 권리를 논하게 되는 시점은 걷기가 힘들어지고 위험해진 이후에 도래한다.

보행권의 역사 ① 자동차의 발명과 보행권의 등장

보행자를 위한 횡단보도는 기실 2000년 전에 있었는데, 폼페이의 폐허에서 횡단보도의 흔적이 발견되었기 때문이다. 횡단보도에 신호기가 설치된 것은 기록에 의하면 1868년 12월 런던의 브리지 스트리트(Bridge Street)에 설치되었으며, 이는 번잡한 도로를 보행자가 횡단할 수 있도록 하기 위한 것이었다.

브리지 스트리트에 설치된 신호기(영국 런던)

이 신호기는 경찰관이 손으로 작동하였으며, 위에는 가스등이 부착되어 밤에도 신호를 볼 수 있도록 하였다. 불행히도 이 신호기는 가스등이 폭발하면서 경찰관이 다치는 바람에 그 후 50년이 지나서야 다시 등장하게 된다.

20세기 초 자동차가 유럽에 최초로 도입될 당시에는 모두가 조심스러웠는데, 예를 들어 프랑스의 경우 속도 제한이 법으로 시속 5㎞에 불과했다. 이러한 조심성은 자동차 보급이 확대되면서 사라져갔다. 속도 제한은 점차 높아지더니 아예 사라져버렸고, 프랑스에서는 1954년이 되어서야 도시 지역에서 시속 60㎞로 자동차 속도를 제한하는 법령이 다시 도입되었다. 2차 세계대전 이후 자동차의 보급이 전 지구적으로 확대되면서 이전 시대의 마차와 동일한 위상을 갖게 된다. 이에 따라 보행자들은 더 이상 도로에서 권리를 갖지 못하게 되었고, 심지어 1950년대에는 보행자들이 자동차의 흐름을 방해하지 못하도록 제한하는 법령이 제정된다. 보행자가 법적으로 자동차의 흐름에 방해되는 장애물이 되어 버린 것이다.

1960~1970년대를 거쳐 교통정책 담당자들과 교통 엔지니어들은 증가하는 자동차 교통량에 대응하기 위해 도시 지역이나 농촌 지역 가리지 않고, 도로 인프라를 개선하는 데 힘썼고, 이 과정에서 독립된 고속도로를 신설할 뿐만 아니라 도시 내 기존 도로의 폭원(幅員)을 늘리면서 보행자나 자전거 이용자를 위한 공간을 축소하였다. 이는 곧바로 보행자들의 피해로 이어졌다. 기술의 발전과 도로 여건의 개선에 힘입어 자동차 속도가 비약적으로 증가하면서 길을 따라 걷거나 길을 건너는 보행자들은 더 많이 죽거나 다치게 되었다. 특히 어린이와 노인들이 주된 희생자였다. 여기에 운전자들의 사회적 지위는 보행자들의 권리를 무시하도록 하는 데 일조했다.

보행자들이 처한 이런 문제들을 먼저 깨달은 것은 도시계획자들이었는데, 영국 교통부가 발간한 『뷰캐넌 보고서』(Buchanan, 1963)는 이런 인식 전환의 기반이 되었다. 당시 영국 교통부는 이른바 환경적인 지역(Environmental Areas)의 접근로 체계와 도시 지역을 위한 도로 위계를 도입하고자 했다. 여기서 환경적인 지역은 거주자들의 삶의 질을 우선적으로 고려하는 지역을 의미하며, 도로안전을 위한 계획 내용을 담은 가이드라인이 1968년 스웨덴 도로국과 괴테보그대학에 의해 최초로 발간되었다. 이 가이드라인의 주요 내용은 주거지역에서 통과교통을 막고 자동차의 속도를 낮추어 어린이가 걷고 뛰어놀 수 있는 안전한 공공 공간을 조성하기 위한 것이었다. 당시 유럽에서 나타난 급격한 도시 성장에도 불구하고, 이러한 계획 원칙은 스웨덴을 넘어 대부분의 북유럽 국가들로 확산되었다.

1970년대 초에는 물리적으로 도로를 폐쇄하거나 격자형 가로망에 쿨데삭(cul-de-sacs)을 설치하여 통과교통을 우회도로로 재배치하는 방식이 덴마크, 영국 등 유럽 각지에서 큰 성과를 거두었다. 그러나 이러한 방식은 토지 이용 계획에 의해 주거지역이 명확하게 구분된 곳에 한정되었고, 토지 이용의 성격을 명확하게 규정하기 어려운 오래된 도시 가로에서는 적용하기 어려웠다. 역사적인 의미를 가지는 도심가로에 차량이 증가하면서 소음과 오염이 심화되고, 시민들이 접근을 꺼려하는 곳이 되면서 경제적인 활력도 위협을 받게 되었다. 도시계획가들은 죽어가는 도심을 살리기 위해 안전하고 편안한 보행이 가능하도록 하면서 자전거를 더 많이 이용하도록 유도했으나, 이 당시에는 보행자의 안전이 주요 목표는 아니었다.

스웨덴의 가이드라인으로부터 유래된 원칙들이 더 넓은 정책적인 목표를 갖고 1970년대 도시의 중심지에 적용되기 시작했다. 중심부로 차량이 진입하는 것을 억제하고, 도로폐쇄 및 일방통행을 시행해 차량으로 중심지를 횡단하는 것을 불가능하게 만들었으며, 도로 폭을 줄여 보도와 자전거 도로를 넓혔다. 그리고 도심 주변에는 우회도로를 환상으로 배치하여 보행자의 출입을 제한하였다. 승용차의 통행이 어려워진 만큼 대중교통체계가 강화되어야 했으며, 주차 시설과 대중교통과의 환승 연계 방안이 영국의 노팅엄과 같은 도시에서 조성되기 시작했다.

이러한 선구적인 변화는 스웨덴의 괴테보그와 웁살라, 프랑스의 벨포르, 네덜란드의 그로닝겐에서 일어났으며 이러한 실험 결과는 OECD에 의해 『더 적은 교통으로 더 나은 도시를(Better Towns with Less Traffic)』 (OECD, 1975)이라는 제목의 보고서로 발간되었다.

한편 1970년대에는 덴마크의 코펜하겐이나 프랑스의 루앙과 같은 도시에서 대규모 보행자 공간이 조성되기 시작했다. 이러한 움직임은 보행자와 자동차 간의 상충을 방지하기 위해 효과적으로 설계가 이루어져야 했는데, 버스노선의 운영이나 일부 지역의 접근로를 확보하기 어렵다는 문제가 발생하였다. 신도시나 새로운 개발 지역에서 잘 적용했던 계획 원칙들이 기존 도심에서는 적용하기 어려웠던 것이다.

결국 교통 수단들이 혼합된 가로에서는 보행 속도로 움직이는 자동차와 보행자가 함께 이용하도록 하는 새로운 계획이 마련되었다. 이러한 개념은 네덜란드에서 보행자에게 전적인 우선권을 부여하는 '본엘프(woonerf)'라는 명칭으로 주거지역에 도입되었고, 이 개념은 유럽 전역으로 신속하게 퍼져 나갔다(OECD, 1979).

위쪽부터

쿨데삭(미국 시카고) ㅣ 본엘프(폴란드 로츠)

보행권의 역사② 자동차의 속도에 주목하다

프랑스, 네덜란드, 영국 등에서는 교통안전을 위해 경찰을 포함하여 여러 분야의 전문가들이 보행자에 대한 이해도를 높이기 위해 부단히 노력했고, 이 과정에서 여러 문제점을 발견했다. 예를 들어 신호등 주기를 결정하면서 보행자의 횡단시간을 고려하지 않는다거나, 보행자 지하도가 너무 좁거나 계단이 가팔라 고령자나 장애인이 이용하기 어렵다거나, 시장 거리에 횡단 시설이 없거나, 학교 앞이 보호되지 않거나, 보도가 관리되지 않아서 엉망이거나, 가로 조명이 충분하지 않다거나 하는 문제들이었다. 처음에는 하나의 사고지점, 위험지점을 개선하기 위해 접근하였으나, 점차 이러한 접근으로는 불충분하다는 것을 깨닫게 되었다. 하나의 지점을 변경하면 지역의 다른 도로에도 영향을 미치기 때문이다. 이는 보행자들을 안전하게 하기 위해서는 전반적인 도로 네트워크를 개선하여 교통체계를 재구성해야 한다는 것을 의미했다. 또한 적절한 설계와 보행자 시설들을 배치하기 위해서는 걷기가 자체적인 요건이 필요한 연속적인 활동이라는 점을 고려해야 한다는 것이 명확해졌다.

1980년대 초에 들어서면서 도시계획자와 의사 결정권자들은 대부분 보행자의 안전문제와 이동수요를 인식하게 되었을 뿐 아니라, 교통량이 많아지면서 도시 내 삶의 질이 저하된다는 것을 깨닫게 되었다. 하지만 초기 대응은 교통량이 많은 가로들을 일정한 구역 외에 집중시킨다거나, 교통신호기를 더 많이 설치하는 등 지역적으로 사고를 예방하는 데 편중되었고, 그로 인한 부작용에 대해서는 고려하지 못했다. 교통흐름을 원활하게 하면 사고가 줄어들 것이라 생각했지만, 실제로 그런 방식의 교통계획이 안전을 향상시켰다는 증거는 없었다.

보행자들을 자동차로부터 분리하기 어렵다는 것이 점차 명확해지면서, 보행자들의 경로를 제한하거나 더 많은 수고를 요구하는 대신 도시 내 자동차의 속도에 주목하기 시작했다. 도시의 자동차 속도는 덴마크와 스웨덴에서 진행된 평가에 기반하여 교통사고로 인한 사상자를 줄이기 위해 시속 50㎞ 이하로 제한되었다. 그러나 자동차나 보행자의 통행이 많은 도로에서는 시속 50㎞의 제한속도도 위험한 것으로 나타났으며, 자동차의 속도를 낮추기 위한 물리적기법, 즉 교통정온화(Traffic Calming) 기법이 새로운 접근방법으로 제시되었다. 도로를 만들 때, 운전자가 편하게 달리도록 만들어야 하는 기존의 관행과 달리, 도로의 폭을 좁게 만들거나 시각적으로 압박을 느끼도록 환경을 조성하여 운전자의 과속을 방지하는 방법으로, 이전의 도로설계에 익숙한 이들에게는 너무도 받아들이기 어려운 내용이었다. 그러나 단순히 속도에 대한 규제를 강화하는 것만으로는 현실 속에서 지구 내의 안전성을 확보하기 어렵다는 점이 점차로 공감을 얻어가면서, 주거지역 등의 좁은 도로뿐만 아니라 교통량이 많은 주요 간선도로에도 교통정온화 기법이 적용되기 시작하였다.

교통정온화 기법을 교통량이 많은 경로에 적용하게 되면서 덴마크, 프랑스, 네덜란드, 영국에서는 자동차의 속도를 줄이기 위한 설계 기법들을 개발·평가하기 시작했다.

규제속도 시속 50㎞ 표지판(캐나다)과 이면도로 시속 30㎞ 표지판(벨기에 브리쉘)

1960년대에는 간선 도로의 폭을 넓히고 차로를 늘리면서 자동차의 속도가 증가하고 보행자의 횡단이 어려워졌으며, 이런 실수를 수정하기 위해 도로를 다시 조정하고 재공사하는 일이 빈번했다. 따라서 차로의 폭을 줄이고, 보도를 넓히며, 회전교차로를 설치하고, 도로 중앙에 완충지대를 조성하는 한편, 곡선형 도로를 만들고 과속방지턱을 설치하는 등 다양한 교통정온화 수단이 동원되었다. 이러한 대책의 주요 목적은 보행자의 안전을 개선하기 위한 것이었으나 다른 한편으로는 주변 환경의 질을 개선하고, 소음과 오염을 줄이며, 보행자 활동과 상업적인 활력을 도모하기 위한 것이기도 했다. 이러한 사실은 도로 이용자나 지역 거주자로 하여금 변화를 받아들이기 쉽게 하였고, 사업비용 투입 역시 정당화할 수 있었다(OECD, 1990).

교통정온화 기법을 교통량이 집중된 도로에 적용하는 경향은 여러 국가로 확산되었다. 또 좁은 길로 이루어진 격자형 가로망을 지닌 근린 생활권에서는 통과교통량을 완전히 차단하면서 저속의 '혼합교통' 방식이 전개되었다. 벨기에, 독일, 스위스 등 여러 국가에서 실험적으로 제시된 대안은 제한속도를 30㎞로 낮추고 적절한 표지판과 운전자 스스로 속도를 줄일 수 있는 시설물을 설치하는 것이었다.

1980년대는 보행자의 안전을 강화하고자 하는 움직임이 서구 유럽에서 특히 강하게 일어난 시기이며, 도시계획자나 교통전문가들의 보행을 바라보는 시각이 완전히 바뀐 시점이다. 그들은 자동차 교통을 언제나 우선적으로 고려하는 일에 의문을 갖게 되었고, 보행으로만 접근 가능한 다양한 활동들이 도시에서 일어나고 있으며, 자동차로 인한 각종 문제들을 더 이상 방치할 수 없다는 것을 알게 되었다. 가로가 아이들이 뛰어놀고, 산책을 하며, 사람들을 만나고, 물건을 사고파는 등 다양한 활력과 기능을 담아낼 수 있는 '공공 공간'으로 다시 태어나게 된 것이다. 가장 중요한 변화는 보행자들이 원하는 길을 적극적으로 고려하게 되었다는 점이다. 이렇게 서구의 도시와 마을들은 공공 공간으로서의 가로가 가진 이미지를 수십 년 동안 주의깊게 변화시켜왔다.

도시 공간, 특히 도로의 물리적인 개선을 통해 보행자의 위험을 사전에 최소화할 수 있다는 것이 밝혀지자, 시민들은 보다 높은 수준의 안전을 요구하게 되었다. 이러한 안전문화는 사실 노동 환경이나 소비재, 특히 음식물에서 먼저 요구되었으며, 보다 안전한 생활환경에 대한 시민들의 요구는 안전한 시스템 설계를 위한 계기가 되었다.

이러한 1980년대의 진전 이후, 일부 국가들은 장기적인 목표를 설정하고 도로에서 사상자를 없애기 위한 계획을 추진하기 시작했다. 이는 1997년 스웨덴의 '비전 제로(Vision Zero)' 정책 중 '공공보건'이라는 개념에서 그 출발점을 찾아볼 수 있으며, 네덜란드의 '지속 가능한 안전(Sustainable Safety)' 정책 중 지속 가능 개발이라는 틀에서도 제시되었다.

이러한 계획은 도시 지역과 비도시 지역 모두를 아우르는 도로 공간의 완전한 재편을 내용으로 하고 있으며, 이는 궁극적으로 차량의 속도를 낮추고 사고를 없애는 것을 목표로 한다. 특히 네덜란드의 지속 가능한 안전정책은 도로안전을 극대화하면서, 대중교통체계로의 전환을 포함하는 더 넓은 차원의 교통계획으로 통합되어가고 있다.

지속 가능한 개발의제, 이산화탄소 감축에 관한 교토의정서, 그리고 스톡홀름 선언 등 전 지구적인 의제에 도로안전이 주요 의제로 다뤄지고 있다. 교통은 지속 가능한 개발에서 중요한 의제이며 환경과 건강, 도로안전 문제가 통합되는 것은 당연하다. 따라서 안전과 환경문제는 국가 차원의 지속 가능한 개발의제 중 교통정책의 일부로 반드시 포함되어야 한다. 더구나 도시계획과 교통계획은 밀접한 연관을 가지고 있는데, 제도적인 관행이나 장벽으로 인해 효과적인 협력이 어려운 측면이 있으므로 이에 대한 재고가 필요한 시점이다.

보행권에 대한 새로운 접근

보행권을 확보하기 위한 전 인류적 노력의 시작은 개별적인 지점에서 시작되었지만, 삶의 터전 전반을 조성하고 운영하는 원리와 기준의 차원으로 확장되어 왔다. 아무리 큰 도시나 영토라 하더라도 결국은 보행자의 관점에서 체험하고 살아가게 된다. 추상적인 보행 권리, 보행자 우선권 등을 설명하는 것은 쉽지 않은 일이지만, 우리의 공공 공간과 공공 정책의 틀 안에서 보행권의 개념을 제외하는 것 또한 쉽지 않다는 것을 알 수 있다. 그동안 자동차가 지나치게 도로를 점유해왔고, 그로 인해 나타난 많은 사회·경제적, 공학적 문제들을 해결하기 위해서는 보행권에 대한 새로운 관심과 정의가 필요하다. 단순히 교통약자에 대한 시혜적 배려라는 접근으로는 보행권이 가진 잠재력과 영향력에 대해 알기 어렵다. 새로운 공간, 새로운 교통체계를 이끄는 개념으로서 보행권을 새롭게 이해하는 관점이 필요한 것이다.

우리 보행 환경의
본질적인 문제

　함께 걷고 싶은 도시를 만들기 위해서는 먼저 걷고 싶은 사람들의 마음부터 고려해야 한다. 그동안 자동차를 이용하는 사람들이 도로에서 기대하는 것에 대해서는 많은 고민들이 있었지만, 정작 길을 걸어가는 사람들이 무엇을 원하는지에 대해서는 충분한 고민이 없었다. 보도나 과속방지턱 같은 물리적 시설을 몇 미터 간격으로, 혹은 몇 건 정도 일률적으로 설치하는 일도 나름대로 의미는 있겠으나, 실질적인 보행 환경을 충실하게 개선하기에는 부족하다.

　길을 걸어가는 사람들을 찬찬히 살펴보면 정말로 각양각색이다. 자동차나 자전거도 다양하기는 하지만 결국은 관람차를 탄 여행객들이 아닌 이상 목적지까지 최대한 빠르게 이동하기 위해 움직이며, 바퀴나 엔진 등 물리적 조건이 같다보니 움직이는 방식도 비슷하다.

유모차와 여행 캐리어를 동시에 끌고 가는 여성

이와 달리 걸어가는 사람들은 저마다 다른 목적과 여건을 갖고 있어 간단하게 파악하기가 쉽지 않다. 심지어 같은 사람이라도 상황에 따라 걷는 이유와 모습이 다르다. 출근길 직장인들은 각자 목적지로 달려가기 바쁘지만, 그들 또한 점심시간에는 삼삼오오 짝을 지어 대화를 하면서 천천히 걸으며, 퇴근할 때면 피곤한 몸으로 전화기만 보며 힘겹게 발을 옮길 것이다. 도로를 걷는 사람들은 모두 다른 존재들이다. 혈기왕성한 소년들, 나이 많은 어르신들, 무거운 짐을 든 사람들, 어린아이의 손을 잡고 걷는 이들, 전동휠체어를 타거나 유모차를 끄는 이들이 길을 함께 나눠 쓴다. 길에는 걸어가는 이들도 있지만 이따금 멈춰 서서 버스를 기다리거나, 이웃과 인사를 나누고, 가게 앞을 서성이면서 흥미로운 물건들을 구경하는 이들도 적지 않다. 이 모든 풍경은 무엇이 더 중요하다고 말하기 어려운, 각자가 욕구와 상황이 반영된 결과물이다. 길 위의 풍경이 다양한 것은 걷는 사람들의 의도, 여건, 마음이 모두 다르다는 것을 의미한다. 길은 사람들이 이동하기 위한 수단이기도 하지만, 사람들이 머무르고자 하는 공간 자체이기도 하다. 따라서 보행자는 정규화된 흐름으로 단순하게 표현할 수 있는 이동 수단이 아니라, 각자 다양한 사정과 한계를 갖고 가로공간을 부유하거나 점유하는 중의적인 주체라는 점을 반드시 고려해야 한다.

이제는 구식이 되어버린 존 롤스의 정의론을 구태여 들먹이지 않더라도, 길 위의 다양한 사람들 가운데 가장 약한 이들을 배려하는 것이 걷고 싶은 거리를 만드는 시작점이 될 수 있을 것이다. 가장 약하다는 것은 별다른 대안이 없다는 것을 의미한다. 어린이들이 학교에 가는 길은 정해져 있으며 다른 선택지가 거의 없다. 유모차에 아기를 태우고 길을 다니는 것은 혼자 다니는 것보다 몸과 마음이 힘들 수밖에 없다. 무거운 책가방이나 짐을 이고 다녀야 하는 이들, 큰 여행가방을 끌며 낯선 길을 찾아 헤매는 이들 또한 그 순간에는 약한 사람들이 되어버린다. 아무리 편안한 길이라도 어떤 이들에겐 크나큰 고행길이 될 수 있는 것이다.

길을 어쩌다 한두 번 걸어보는 것만으로는 약한 이들의 수고로움을 알기 어렵다. 매일 그 길로 일을 나서야 하고, 학교에 가야 하며, 장을 보고 아이를 데려다 주어야 하는 사람들은 목적지에 가기 위해 매번 마음의 짜증과, 몸의 피곤함을 견뎌야 한다. '우리의 길을 어떻게 사용할까', '누가 우선적으로 사용하도록 허락할까', '누구를 위해 만들고 운영할까'와 같은 공적인 의사 결정은 매우 과학적인 판단을 바탕으로 이루어진 것처럼 보인다. 하지만 사실 그것은 '누구의 처지를 먼저 생각하느냐'에서 시작된다.

걷고 싶은 도시에 대해 이야기하면 아름답게 꾸며진 공원의 산책로를 떠올린다거나, 가로수가 울창한 도심의 식당가를 연상하기 쉽다. 하지만 걷고 싶은 길은 어쩌다 테마파크처럼 찾아가 체험하는 곳이라기보다는 매일 일하고, 놀고, 잠자는 일상 속의 공간에 밀접하게 녹아 있어야 한다. 여기서 중요한 것은 '매일 이용한다'는 점이다. 하루하루 삶을 고되게 살아가는 사람들이 일상적으로 마주해야 하는 길이라면 단 50m, 혹은 2~3분을 더 돌아가거나 기다리는 것도 부담이 된다. 자동차가 끊이지 않는 보도 없는 길을 아이 손을 잡고 매일 걸어가거나, 보도가 좁고 울퉁불퉁하여 유모차가 지나가기 어려운 길을 매일 지나야 하는 이들의 마음에는 그늘이 질 수밖에 없을 것이다. 작은 공간의 문제들이 일상이 될 때, 그것은 우리 삶의 질을 끊임없이 해충처럼 갉아먹게 된다. 결국 보행 환경의 문제는 우리의 생명과 장소를 해치는 주범으로 우리 앞에 계속 나타날 것이다.

사는 곳에 대한 이미지는 길에서 마주치는 사람들과 상점, 경치, 탈 것들이 큰 영향을 준다. 길을 걸으면서 마음이 불편하고 위험을 느끼는 곳이라면 애정과 관심보다는 기회만 되면 그곳을 벗어나려는 마음이 더 커질 것이다. 제인 제이콥스는 누구나 기회만 되면 벗어나고자 하는 동네가 바로 슬럼이라고 정의했다. 매일 길을 걸어 다니는 이들이 지역의 주인이며, 이들의 마음을 찬찬히 보살피는 자세가 필요하다.

자동차의 양보가 필요하다

어쩌다 걷고 싶은 마음이 들더라도 우리가 사는 도시 안팎의 대부분은 걷기에 불편하다. 특히 자동차가 잘 달리는 것에 초점을 두고 만들어진 길들은 걸어 다니는 사람들을 불편하고 위험하게 만든다. 안전한 보행 환경의 첫걸음은 집 앞이나 직장 앞에서 어린이들이나 장애인들이 횡단보도를 혼자 건너도록 해도 아무런 마음의 부담이 없는지를 생각해 보면 된다. 자신의 가족이 혼자 길을 건너도록 하는 것이 꺼림칙하다면 그곳은 좋은 보행 환경과 거리가 멀다고 판단해도 크게 무리가 없다. 또 볼일을 보러 가거나 대중교통을 이용하기 위해 걸어가는 길이 너무나 힘들고 멀리 돌아가야 한다면 그 역시 편리한 보행 환경은 아닐 것이다. 위험하고 불편한 길은 걸어가고자 했던 사람들에게 다시 자동차를 이용하려는 마음을 갖게 한다. 여차하면 자동차로 벗어나려는 이들에게 걷는 것은 하나의 행태적 슬럼으로서, 부끄럽고 힘든 일이 되어버린다.

걷는 이들이 겪는 위험과 어려움을 완화시키기 위해서는 기존에 누리던 운전자들의 속도와 편리함을 조금은 양보해야 한다. 자동차들이 이전과 똑같이 다니면서 걷기 좋은 도시를 만드는 방법은 없다. 자동차는 보행자와 함께하는 곳에서는 더 느리게 다니고, 더 조심해서 다니며, 더 멀리 돌아가야 한다. 길을 걷는 많은 사람들을 위해 자신의 혜택을 양보해야 한다. 도시의 도로는 이전 시대의 의사 결정에 의해 조성된 것이므로 과거처럼 속도를 내고자 하는 많은 운전자들의 오해와 불만을 초래하기도 한다. 따라서 조심스레 나눠 쓰는 행동을 고려한 새로운 길의 물리적 조건과 운영방안을 고민할 필요가 있다. 여기에는 보행자우선도로와 도로 다이어트의 확대, 차량소통 중심의 교차로 개선, 횡단보도의 설계 개선과 어린이보호구역 등의 전면적인 개편 등이 포함된다.

자동차를 이용하는 이들은 상대적으로 더 많은 비용이 든다. 이러한 부담은 불필요한 지출이 없는 적정비용의 도시를 구현하는 데 역행하는 것이다. 아기나 어린이를 위한 보행 환경이 마련되지 않은 곳에 사는 이들은 결국 자동차 수요층이 되어버리고, 안전하고 편리한 이동을 위해 더 많은 비용을 들여야 한다. 이는 그만큼 삶의 다른 부분에서 누릴 수 있는 것들을 앗아가게 된다. 또한 자동차를 이용한다는 것은 사람들이 살면서 더 많은 에너지를 소비하고, 더 많은 온실가스를 발생시킨다는 의미도 된다. 더 적은 온실가스, 더 적은 에너지를 기반으로 소외계층이나 소외지역의 이동 여건을 개선하고 보행자 교통사고 사상자를 줄이려면 도시의 보행 환경과 이를 기반으로 하는 대중교통이 함께 강조되어야 한다.

걷고 싶은 도시에 대한 논의과정에서는 다양한 거주자 집단의 서로 다른 보행 여건과 보행 수요를 종합적으로 검토하여 대안을 마련할 필요가 있다. 이를 위해서는 기존의 시설 중심 관성을 과감하게 탈피해야 하며 도시를 이용하는 최종적인 행태적 유형이 바로 보행 활동이라는 점을 적극 고려해야 한다. 승용차가 중심이 되는 곳에서는 걷기가 힘들고, 걷기 힘든 도시에서는 다시 승용차를 이용하는 이들이 늘게 된다. 또 이 과정에서 승용차를 이용하지 못하는 사람들을 도시 공간의 사각지대에 몰아넣어 위험하고 불편하게 만드는 힘이 작용하게 된다. 이런 도시에 살고 싶거나 가보고 싶은 이들은 없을 것이다. 안전하고 편리하며 매력적인 도시를 조성하기 위해서는 걷는 것이 즐거운 길들이 이곳저곳에 가득해야 하며, 이는 그 도시에서 걷는 이들을 위해 승용차의 양보가 얼마나 이뤄지느냐에 달려 있다.

작은 변화가
걷고 싶은 도시를 만든다

    우리도 그동안 척박한 보행 환경을 바꾸기 위해 많은 노력을 해왔다. 횡단보도를 설치하는 것 하나도 쉬운 일이 아니었다. 수십 년 전 도로 사진을 찾아보면 차폭보다 훨씬 넓은 도로에 보행자를 위한 횡단보도를 찾아보기 어렵고, 간간이 육교가 설치되어 있으며, 도로변에는 차로 들이받아도 될 것 같은 험악한 방호 울타리가 설치되어 있다. 지금보다 차량 성능도 좋지 않고, 자동차 대수도 훨씬 적었지만 이미 미래의 차량 물결을 예상이나 한 것 같은 도로다. 이렇게 F1 자동차 경주 트랙으로 쓰여도 손색이 없을 만한 도로 사진에는 항상 찻길을 그냥 건너는 사람들이 찍혀 있다. 뛰어넘기도 어려워 보이는 자동차용 방호 울타리를 지나, 질주하는 자동차 사이를 헤집고 위험하게 길을 건너는 사람들의 표정은 무심해 보인다. 어쩌면 이들에게는 이러한 일탈이 일상이었기 때문일지도 모른다. 왜 그런 모험을 매일 해야만 하는 도로가 만들어졌는지 문득 궁금해진다. 우리는 질주하는 자동차를 아슬아슬하게 피하고, 힘든 다리를 두드리며 육교를 오르내리며, 어두컴컴한 지하도를 향해 내려가면서도 왜 이런 불편을 감수해야 하는지 감히 질문하지 못했던 것이다.

그러나 우리에게도 보행권이라는 단어가 널리 알려지고, 실질적인 공간의 변화가 나타나게 되었는데, 보행권 조례 제정 운동이 1996년 5월 걷고 싶은 서울 만들기 운동본부에서 시작된 것이다. 시민들과 전문가들의 노력에 힘입어 1997년 인사동, 명동 등에 차 없는 거리가 조성되었고, 예술의 전당 앞 횡단보도가 1999년 복원되었다. 교통광장으로 쓰여 보행자는 길을 건너기 너무도 어려웠던 서울시청 앞 광장은 2004년 '서울광장'이라는 이름 아래 보행자를 위한 광장으로 재탄생했다. 그리고 아주 넓은 도로를 횡단보도를 이용해 건너게 된 상징적인 사건이 뒤를 이었다. 바로 광화문 횡단보도 복원이 2005년에 이루어진 것이다. 4차선, 6차선 도로에도 횡단보도 하나 놓기 어려웠던 도로들을 생각하면 우리나라 도로에 매우 큰 변화가 일어난 셈이다.

당시 우리나라는 법에 의해 횡단보도의 설치 간격이 최소 200m로 정해져 있었으며, 길을 건너기 위해서 평균적으로 돌아가야 하는 거리는 약 100m 정도였다. 건강한 성인이라면 별 문제가 안 되는 거리겠지만 무거운 유모차를 끄는 사람이라면 얘기가 달라진다.

횡단보도 없는 과거의 도로 풍경과 광화문 횡단보도(서울)

　이동이 불편한 이들에게는 너무나 고통스럽고 짜증나는 길이 될 수도 있는 것이다. 법 개정 이후에는 횡단보도 설치 간격이 100m로 줄어들었고 필요하다면 100m가 되지 않더라도 설치할 수 있으므로 횡단보도에 대한 거리상의 문제는 크게 개선되었다고 볼 수 있다.

　횡단이 쉬워지는 것은 단순히 보행자의 편의를 확보하는 것뿐만 아니라, 도로 양쪽에 조성된 건축물이나 시설물의 활성화와도 긴밀하게 연결되어 있다. 얀겔은 도로를 지나는 자동차의 속도가 느려지고 교통량이 줄어들수록 도로 양단의 연결성이 강화되고, 나아가 도로가 하나의 통합된 장소로서 기능하게 된다는 점을 보여준다. 따라서 횡단보도를 적절한 간격으로 설치하는 것은 보행자의 안전과 편의를 확보해주는 것뿐만 아니라, 도로에 접한 지역의 활력에도 큰 영향을 미친다.

차로 폭을 줄이는 도로 다이어트

자동차의 속도를 낮추기 위한 교통정온화 기법 중 가장 기본적인 방법은 차로의 폭을 줄이는 것이다. 과도하게 넓은 차로 폭은 운전자의 안심과 과속을 유도하게 되어 사고 위험성을 높이게 되므로 적절한 차로 폭을 갖도록 조정하는 것이 바람직하다. 또한 이를 통해 확보되는 도로의 폭은 보행자를 위한 공간, 즉 부족한 보도나 벤치, 조경시설 등을 위해 이용할 수 있으며, 경우에 따라서는 독립된 자전거 도로 등으로 활용할 수도 있다. 이러한 도로 여건의 개선은 전 지구적으로 많은 도시에서 이루어지고 있으며 이를 통해 달성 가능한 정책적인 목표는 보행자의 안전을 확보하는 것 이외에도 다양한 내용을 포괄하고 있다.

우리나라도 2016년부터 차로 폭원을 줄여 보행자를 위한 공간으로 전환하는 이른바 도로 다이어트 사업이 본격적으로 시작되었다. 서울시를 중심으로 관련 사업이 시범적으로 실시되었고, 이에 대한 평가분석도 다각도로 이뤄지면서 현재 전국적으로 관련 사업 기법이 다양한 사업 추진 과정에서 활용되고 있다.

차로 폭원을 줄이거나 차로 자체를 줄여 보행자를 위한 공간을 조성하는 기법은, 자동차를 위한 공간을 보행자의 다양한 활동을 담을 수 있는 공간으로 전환한다는 의미를 지니고 있다. 이는 자동차 중심으로 도로의 조성과 운영을 우선적으로 고려해온 정책적 방향이 이제는 변화하고 있다는 것을 의미한다.

차로 폭을 줄이는 도로 다이어트 사업으로 보행자를 위한 공간이 조성되었다

어느 나라나 오래된 도시들은 대부분 좁은 길이 많이 들어서 있고, 오밀조밀한 건물들이 모여 있어 길을 넓히는 것이 현실적으로 불가능한 경우가 많다. 또한 그 자체로 하나의 정체성을 부여받거나 문화적 가치를 갖기도 하므로 물리적 형태를 바꾸는 것이 부적절한 경우도 있다. 그럼에도 불구하고 오늘날 이면도로를 살펴보면 과거 자동차가 많지 않아 골목길에서 어린이들이 뛰어놀던 상황과는 매우 다르다는 것을 알 수 있다.

골목길을 지나가는 통과 차량이 너무나 많고, 자동차들이 지나갈 공간을 제외하면 나머지 공간은 일렬, 또는 이 열로 주차가 되어 있어 보행자들은 보도는커녕 걸어갈 길을 찾기도 쉽지 않다. 이로 인해 위험과 답답함을 느끼는 이들이 적지 않지만 좁은 길에서는 어쩔 수 없다며 포기해버리고 만다. 그야말로 도시 안의 사각지대인 것이다.

이면도로나 좁은 길에서 겪는 보행자들의 어려움을 해결하기 위해 좁은 보도를 한쪽에 설치하기도 하지만 이런 보도들은 심각한 문제점이 있다. 일단은 보도 자체가 제대로 쓰기에 불충분하다. 서로 다른 방향에서 두 사람이 마주치면 한 사람이 차로로 내려설 정도로 좁다. 실제로 이런 보도는 법적 규정인 1.5m에도 못 미칠 뿐 아니라 내려서는 이들을 오히려 위험하게 만든다. 보도가 설치되면 보행자는 차로로 내려서는 것이 법적으로 금지되므로 오히려 보행자의 통행권을 제한하게 된다. 유모차나 휠체어를 이용하는 이들의 경우, 이러한 좁은 보도는 더욱 실효성이 적다. 또 이러한 좁은 보도가 설치되는 곳은 보행량이 많아서 무리하게 설치되는 경우가 많은데, 만약 초등학교 앞에 설치되어 있다면 등하교 시간에 한꺼번에 몰려나오는 어린이들을 감당하기 어려울 것이다. 이 경우 어린이들은 어쩔 수 없이 차로로 내려서게 되는데, 이를 막기 위해 다시 긴 보행자 방호 울타리를 설치하는 것을 볼 수 있다. 이런 곳에서는 보도 건너편 건물로 가기 위해 아예 울타리 바깥쪽 차로로 걷는 사람들을 보게 된다. 이처럼 좁은 보도 안에 모든 보행자들을 담아내지 못한다면 오히려 보행자들을 불리한 상황에 빠뜨릴 수 있다는 점을 고려해야 한다.

보행자우선도로

사실 좁은 보도가 한쪽에만 설치되는 것은 그 자체로 보도 관련 지침 위반이다. 무엇보다 좁은 길을 지나는 차량의 흐름을 보도가 설치되지 않은 다른 쪽 건물 앞으로 밀어내기 때문에 반대편 건물에서 드나드는 이들을 사고위험에 처하게 한다. 특히 보행자 방호 울타리가 있는 경우 운전자들은 보행자들의 차로 진출이 막혀있다고 판단하여 오히려 진행속도를 높이는 경향이 있는데, 이러한 경우 자칫 더 위험한 상황이 벌어질 수 있다. 좁은 보도를 억지로 설치하는 것은 반대로 생각해보면 좁은 길에 좁은 차로를 억지로 집어넣는 것과 마찬가지다.

차로를 설치하기에는 보행자를 위한 별도의 공간이 없는데도 불구하고 차로를 억지로 설치하면서 나머지 공간에 보도를 설치하는 셈이다. 이러한 경우에도 차로 폭원은 3.0m 이상 규정을 지키고, 심지어 차로와 보도 사이 배수구가 설치되어 있는 측대의 폭도 50㎝를 유지해 조성하는 경우가 있다. 이렇게 비대칭적인 의사 결정이 설계 과정에서 일어나더라도, 이에 대해 세부적인 사항을 확인하고 개선을 요구하는 것은 일반적으로 어려운 일이다.

따라서 차로를 집어넣기에 좁은 도로는 보차 구분을 억지로 하지 않는 것이 맞다. 억지춘향 식의 보차 구분은 오히려 보행자의 보행 여건과 법적 통행권을 약화시키는 결과를 낳을 수 있기 때문이다. 이러한 경우에는 보차 구분을 통해 보행자의 통행권을 확보하기보다는 보행자우선도로로 지정·운영함으로써 보행 환경을 개선할 수 있다. 2012년부터 도입된 보행자우선도로는 지금까지 100여 개소 이상 시범 설치되었으며, 2020년 법 개정으로 인해 보행자의 통행 우선권을 법적으로 확보하게 된 도로 유형이다.

보행자우선도로에는 운전자에게 보행자가 우선이라는 점을 명확히 전달할 수 있도록 표지판과 바닥 표시는 물론 보행 친화적인 도로 포장 및 디자인이 적용되며, 보행자를 위한 편의시설 등이 추가된다. 이렇게 기존의 차로 중심 도로와는 확연히 다르다는 점을 전달하면서 운전자가 보행자 통행을 방해하지 않도록 저속으로 주행하도록 유도하는 것이다. 실제로 시범적으로 운영되었던 보행자우선도로들을 보면, 법적 지위가 확보되지 않았고 설계 기법도 지자체 및 주민 협의 과정에서 충실하게 적용되지 못한 경우가 많음에도 불구하고 상당한 곳에서 안전성이 개선된 것으로 나타났다.

보행자우선도로를 시행하고 있는 거리(서울)

안전속도 5030 정책

  도로 다이어트 사업이나 보행자우선도로는 개별적인 도로의 성격을 변경하고 주어진 공간적 제약하에서 보행자를 위한 환경개선을 추구하는 기법으로 볼 수 있다. 그러나 이러한 기법들은 도시 교통체계의 구조적인 운영 방향과 상충할 수 있으므로, 이에 대한 상위 계획인 도시 내 규제속도 운영 방안과의 조율이 반드시 이뤄져야 한다. 이러한 맥락에서 안전속도 5030 정책도 비록 서구의 도시들에 비해 늦은 감이 있지만 비교적 빠르게 추진되었다.

자동차 속도별 제동거리

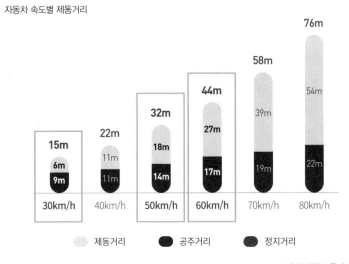

* 출처: 한국교통안전공단

교통사고로 인한 보행자 사망사고는 도로에서의 차량 주행속도와 밀접한 관계가 있다. 차량의 속도가 시속 50㎞ 이하로 감소하면 사고 발생 시 보행자 사망률이 50% 이하로 급격하게 낮아진다. 따라서 안전속도 5030 정책은 전반적인 차량의 운행속도를 낮추는 것에 비해 인명 손실을 줄이는 효과가 상대적으로 월등히 크다는 사실을 반영한 정책이라고 할 수 있다.

이를 위해 우리나라에서는 2016년부터 도시부 규제속도 하향 시범사업을 시행하였으며 기존 도시부 도로 내 여러 지점에 제한속도를 시속 50㎞로 조정하여 분석을 진행하였다. 운영결과에 따른 물리적 개선 없이 제한속도만 하향 조정할 경우 속도위반을 유도하는 역효과가 발생할 수 있으므로, 기존 도시부 도로의 주행속도를 저감할 수 있도록 도로 공간의 물리적 개선이 함께 이루어져야 한다는 점도 함께 고려하였다. 안전속도 5030 정책은 2021년 상반기 시행된 이후 불과 100일 만에 보행자 교통사고 사망자 수가 16.8% 감소한 깃으로 나타나는 등 일정한 수준의 성과를 거두고 있다.

우리나라의 보행 환경은 단기간에 정책적인 노력을 집중시키면서 크게 개선되고 있다. 하지만 세부적인 환경조성, 심리적인 공감과 배려, 문화로서의 안전과 편의는 상대적으로 따라오지 못하고 있다. 이는 몇몇 포인트만으로 전반적인 교통운영이나 차량운행의 관행을 일거에 개선하기 어렵기 때문이다. 현재의 개선 방안들이 근원적인 사회적 변화로 이어지기 위해서는 먼저 개별적인 의사 결정이 필요한 이유와 맥락에 대한 공유 및 논의가 충실하게 지속되어야 한다. 차로를 줄이고, 보행 공간을 늘리고, 속도를 낮추는 것은 무언가 기존 관행과 상충되는 일이므로, 매일 저마다의 이유로 도로를 이용하는 이들의 지지가 절대적으로 필요하다. 서로를 배려하고, 공간을 온화하게 가꾸는 일은 몇몇 사업이나 법적인 규제만으로는 달성할 수 없다. 정책적인 시도가 어려웠던 만큼, 이제는 공감대를 넓히면서 좀 더 중장기적인 비전을 실천할 수 있는 단계로 나아가야 할 것이다.

3장

도시의
역사를 찾아서

인류 초기의
도시들

최초의 인류인 호모 사피엔스(Homo Sapiens)는 약 3만 년 전에 등장했다. 그들은 채집과 수렵을 통해 삶을 영위하였고, 특정한 정주지가 없이 먹을거리를 찾아 수렵이나 채집 활동으로 살아갔다.

기원전 1만 년경 인류는 농작물을 경작하고 가축을 키우기 시작했다. 이것이 신석기혁명 혹은 농업혁명이다. 이때부터 인류는 이동 생활을 멈추고 정착하기에 이른다. 수렵 생활을 영위하는 데는 15~60호 수준의 작은 취락이면 충분했으나 농업을 위해서는 더 많은 인구가 필요했고, 취락의 규모는 더욱 커졌다. 취락의 규모가 커지면서 공동 협력이 가능해졌고, 생산물이 증가하면서 잉여 농산물이 발생하였다. 잉여 농산물은 대부분 겨울을 위해 저장되었지만, 다른 상품과 교환하는 데 사용되기도 했다. 생산자와 소비자라는 개념이 생겼고 시장 거래라는 개념도 생겨났다. 자연스럽게 계층의 분화가 진행되었고 사회가 각자의 역할을 나누며 조직화되기 시작했다. 게다가 다른 취락의 생산자와 소비자를 연결하는 도로가 만들어지고, 사람들이 거주할 주택과 상업시설이 들어서면서 도시의 틀이 갖춰지기 시작하였다.

인류 초기의 도시들은 기원전 3500~1000년 사이에 등장했다. 기원전 3500~3000년경에는 티그리스강(Tigris River)과 유프라테스강(Euphrates River)이 만나는 메소포타미아(Mesopotamia) 저지대에서 초기의 도시들이 나타났다. 기원전 3100년경에는 나일강(Nile River), 기원전 2500년경에는 인더스강(Indus River), 기원전 1500년경에는 중국 황하강(Yellow River), 기원전 1000년경에는 마야 지역에서 도시들이 등장했다. 이때 나타난 도시들은 집단 거주를 하며 하천변에서 농사를 지었고 잉여 식량을 생산했다. 나아가 시장 거래가 이뤄지고, 신분이 분화되었으며 종교와 정치가 나타나는 등 도시 문명을 만들어냈다.

인류 최초의 도시는 페르시아 만 입구의 늪지 바로 안쪽에 위치했던 우루크(Uruk)로 기원전 3500년경 수메르인들이 건설했다. 도시 규모는 4.45㎢였고 전성기 인구가 5만 명을 넘길 정도로 큰 도시를 이루었다.

성경의 아브라함이 살았다고 전해지는 우르(Ur)는 기원전 3000년경에 세워진 메소포타미아 남부의 도시다. 이곳은 8m 높이의 성벽이 내성과 외성의 이중으로 둘러싸인 성곽도시였다. 이 도시의 북서쪽에 위치한 종교 시설인 지구라트(Ziggurat)는 오늘날까지 남아 있다. 도시의 주택은 벽돌로 지어졌고, 외성은 좁고 복잡한 가로체계인 반면 소수의 지배계급이 거주하는 내성 내부는 질서정연한 도로와 광장이 존재했다. 도시 크기는 동서 700m, 남북 1,100m로 보행만으로 도시 생활이 가능했다. 우르의 인구는 24,000명이었는데, 인구밀도 단위로 보면 1㎢에 31,167명이다. 서울이 16,593명이니 약 2배에 이른다. 주택은 조밀하게 건설되었고 도로 역시 몹시 비좁았다. 게다가 도로는 비포장이었고, 배수시설도 없었다. 따라서 좁은 도로는 사람으로 붐비고, 배수시설이 없는 도로는 비 오는 날이면 오물이 넘쳐 진창길이었을 것이다.

이에 반해 기원전 3000년경 인더스 강 유역에 존재했던 하라파(Harappa)와 모헨조다로(Mohenjo-daro)는 보다 발전된 도시의 모습을 보여준다. 도로 체계가 잘 갖춰져 있었고, 지배계급의 주택에는 욕실·부엌·화장실이 있었으며, 상하수도 시설이 도시 전역으로 광범위하게 설치되어 있었다.

바빌로니아(Babylonia) 제국의 수도 바빌론(Babylon)은 기원전 2300년경에 세워진 도시로 전성기 인구가 2만 명에 이르는 도시였다. 인구밀도로 보면, 1㎢에 1,250~5,000명으로 우리나라의 웬만한 지방 도시보다 높았다. 도시가 만들어진 초기의 주택은 불규칙하게 건설되었고 도로는 좁았다. 물론 비포장에 배수시설 역시 없었다. 그러나 전성기에 이르는 기원전 600년경에는 성벽 내 면적이 4㎢로 증가했고 성벽 밖의 도시 면적을 합하면 16㎢에 이르렀다. 도시의 양 끝 거리가 약 4km에 달하는 면적이다. 주택과 건물은 질서를 갖추고 있었고, 그에 따라 도로도 직선에 도로 폭도 일정하게 정비되어 있었다.

고대 바빌로니아의 모습(이라크 바빌)

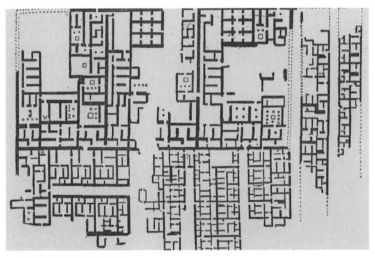

고대 계획도시 카훈(이집트 파이염)

당시에도 계획도시가 있었다. 기원전 2500년경에 있었던 이집트 일라훈(Illahun) 지방의 도시 카훈(Kahun)은 피라미드를 건설하기 위한 목적으로 만들어진 인구 2만여 명의 계획도시였다. 피라미드 건설에는 오랜 시간과 많은 노동력이 필요했기 때문에 인위적인 도시가 필요했던 것이다. 이 도시는 완전한 장방형의 격자형 가로체계를 갖고 있었다. 도로의 끝은 마치 오늘날의 쿨데삭(Cul-de-sac)처럼 막혀 있었는데, 이는 노예가 도망치지 못하도록 하기 위함이었다. 주택은 동일한 크기였고 바둑판 형태로 배열되어 있었다. 그러나 이들 도시는 계속 성장하지 못했다. 당초 목적대로 피라미드가 완성된 이후 사람들은 떠나야 했고 도시도 해체되어 사라져 버렸다.

서양도시의 원형:
고대 그리스와 로마

 그리스의 도시국가들은 기원전 7~8세기경 발칸반도 남단에서 처음 등장했다. 해안선이 복잡하고 산지가 많아 고립된 형태로 100여 개의 도시 공동체를 형성하였다. 초기에는 효율적인 방이를 위해 산 정상부에 성을 쌓았고, 이후 평지로 도시를 확장했다. 귀족들은 산 정상부의 아크로폴리스에 살았고, 평민들은 산 아래 거주하였다.

 그리스 도시들은 둘레가 1㎞를 넘지 않는 성벽으로 둘러싸여 있었고, 대략 5,000~10,000명 정도의 인구를 가졌다. 가로체계는 구릉지의 능선을 따라 무질서한 방사 형태로 교외 지역과 연결되는 구조를 갖고 있었다. 도로는 좁았고 포장되지 않아 짐을 나르는 마차나 수레의 사용은 흔치 않았다.

그리스의 대표 도시는 아테네다. 기원전 500년경 세워졌으며 4만여 명의 시민, 10만여 명의 노예와 외국인이 거주하였다. 다른 도시들과 마찬가지로 주택은 불규칙하고 제멋대로 지어졌고 골목길은 좁고 복잡했다. 그러나 어느 길도 막히지 않고 연결되어 개방성이나 접근성이 좋았다. 다만 배수 처리는 원시적이었고 따라서 주택과 도로는 그다지 위생적이지 않았던 것으로 보인다.

그리스에는 '아고라(Agora)'라는 특별한 공간이 있었다. 아고라는 단순하고 넓은 부정형 공간이자 무질서하게 보이는 공간이었지만 많은 사람들이 모였고 자유분방한 개방성으로 민주주의의 뿌리가 되었다. 이곳에서는 시장이 열렸고, 재판, 정치 연설, 연극이 행해졌고, 삼삼오오 모여 와인을 마시거나 토론을 벌이기도 했다. 아고라는 로마 제국에서 포룸(Forum)으로 발전했고 오늘날의 광장으로 이어졌다.

그리스는 주변 지역을 정복하며 식민지 도시를 건설하였다. 이른바 계획도시였다. 이들 도시는 정형화된 격자형 가로체계를 갖고 있었다. 밀레투스(Miletus) 출신의 건축가 히포다무스(Hippodamus)는 격자형 가로체계를 최초로 창안한 인물이다. 그는 기원전 479년 페르시아와의 전쟁으로 폐허가 된 밀레투스의 재건에 격자형 가로체계를 적용하였다. 그의 격자형 가로체계는 도시에 거주하는 시민은 누구나 평등한 권리가 있어야 하며, 토지의 독점을 막아야 한다는 철학을 담고 있다. 이후 이와 같은 격자형 가로체계는 식민지화한 다른 국가나 도시에도 여지없이 적용되었다.

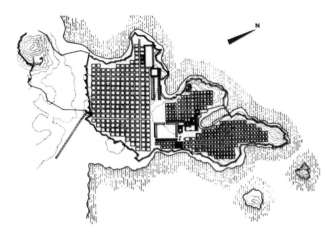

격자형 가로체계를 적용한 그리스의 식민지 도시 밀레투스

식민지 도시에는 상하수도 시설도 건설되었다. 특히, 기원전 331년 식민지 도시 알렉산드리아는 900헥타르에 50~100만 명이 거주하는 지중해 최대의 도시로 성장하였는데, 폭 60m의 2개 간선 도로 밑으로 하수도를 설치하였다. 따라서 주택이나 도로는 다른 도시들에 비해 상당히 위생적이었다.

고대 로마 제국의 수도 로마는 12㎢의 면적에 인구 100만 명에 이르는 당대 최대의 도시였다. 1,797호의 고급주택과 40,602호의 서민용 주택, 30개의 공원, 28개의 도서관, 1,000여 개의 공중목욕탕, 600여 개의 공공분수 등이 로마 시민의 삶을 풍요롭게 하였다.

300년경의 로마 모형(이탈로 지스몬디(Italo Gismondi)), 1937

　도시의 중앙에는 포룸(Forum)이 있고, 그 주변으로 시장, 법원, 신전, 극장, 관청 등 도시의 중요 시설들이 위치했다. 도시 가로는 포룸을 중심으로 뻗어나가는 구조였다. 이 포룸으로부터 도시의 관문까지 방사상으로 연결된 도로망은 도시 밖의 농촌 배후지까지 뻗어 있었다. 소규모 상점들은 도로 옆으로 입지하였고, 제빵·방직·염색·피혁과 같은 생산 공장은 시가지 곳곳에 고르게 분포되어 있었다. 주택들도 대규모 저택과 소규모 주택에 이르기까지 다양했다. 시민들의 사회·경제적 계급이 폭넓게 존재하고 있었던 것이다. 그러나 주거지역 자체의 차별은 없었고, 귀족과 평민의 거주지가 다르지 않았다. 같은 지역 내에서 귀족은 도무스(Domus)라는 호화 주택에 거주하였다. 도무스는 약 1,600㎡ 규모로 중정과 연못을 갖추고 있었다. 반면 서민은 인슐라(Insula)라는 6~7층 규모의 아파트 같은 곳에 거주하였다.

로마는 가히 물의 도시라 할 만했다. 기원전 312년에 착공된 첫 번째 아피아 수도(Aqua Appia)를 시작으로 11개의 수도가 건설되었다. 11개의 수도는 매일 100만㎥의 물을 로마로 공급하였다. 로마 시민 1명이 매일 1㎥의 물을 쓸 수 있는 양이었다. 1983년의 뉴욕이 0.6㎥, 런던이 0.5㎥, 파리가 0.45㎥였으니 로마의 수돗물 공급이 얼마나 충분했는지를 가늠할 수 있다. 수도를 통해 공급되는 물은 1,352개의 공공 분수와 연못, 궁전, 1,000여 개의 공중목욕탕, 도무스의 개인 욕실과 연못을 채웠다. 그리고 쓰고 버리는 하수를 모아 테베레강에 쏟아 버리는 일은 지하 하수구가 담당했다.

인슐라에 거주하는 서민들은 집에서 약 40m 거리에 있는 공공분수에서 물을 길어 사용했다. 도무스와 달리 인슐라에는 하수시설이 없어 쓰고 난 물은 도로변 하수구에 버렸다. 건물 위층에 사는 사람들이 남몰래 오물을 창문 밖으로 내다 버리기도 했지만 깨끗한 물이 끊임없이 공급되었기에 도로의 상태는 나쁘지 않았다.

인슐라 거주민이 이용한 고대 로마의 하수시설

로마의 가도(街道)는 로마 제국의 도시를 연결하는 일종의 고속도로였다. 기원전 3세기에서 기원후 2세기까지 건설되어 간선 도로만 8만㎞에 지선도로는 7만㎞에 이르렀다. 로마 가도는 로마 시내 12개의 간선 도로로 시작하여 북해에서 사하라 사막, 대서양에서 유프라테스 강, 영국에서 시리아, 독일과 발칸반도에서 이집트까지 이르는 엄청난 규모의 도로 네트워크였다. 로마는 이 도로를 통해 영토를 확장했으며, 로마 제국의 경제 활동을 연결하는 통로로 활용하였다.

간선 도로의 차도 너비는 두 대의 마차가 교행(交行)이 가능한 4m였고, 양쪽으로 각 3m의 보도가 있었다. 도로는 포장되어 있었고 배수구도 있었다. 그 외 도로는 2m 혹은 6m의 비포장 도로였다. 좁은 도로에 과밀 상태의 인구를 수용하기 위해 세워진 고층 건물로 인해 도시 전체적으로 햇빛이 들지 않았다. 이런 상황은 폼페이와 같은 로마의 다른 도시에서도 비슷했다.

로마는 '1로마 마일' 이정표를 사용했다. 이 이정표를 통해 로마 가도의 시발점에서 거리를 알 수 있었고, 로마 시민은 물론 외국인의 이동에 큰 도움이 되었다. 1로마 마일은 보통 사람의 천 걸음에 해당하며 1.485㎞에 해당한다.

세계 패권 국가의 수도 로마는 소비와 교역의 중심지였다. 매일 로마로 들어오는 물품을 실은 마차의 행렬이 끊이지 않았다. 도시 내 12개 간선 도로 모두 심한 정체로 몸살을 앓았고 크고 작은 교통사고도 끊이질 않았다. 이에 율리우스 카이사르(Gaius Julius Caesar)는 '율리우스 교통법'을 단행했다. 일출부터 일몰까지 공공 목적 외에는 마차와 수레의 로마 시내 진입을 금지한 것이다. 마차와 수레는 성곽 밖에서 기다려야 했고, 일몰이 되자 로마 시내로 밀려드는 진풍경이 펼쳐지기도 했다. 카이사르조차 이 법에 따라 로마 시내를 걸어 다녔다고 한다. 이 시기의 로마는 보행자에게 더없이 좋은 환경을 제공하였다. 좁은 도로는 물론 간선 도로에서도 마차나 수레 걱정 없이 마음 편히 걷고 활동할 수 있었던 것이다.

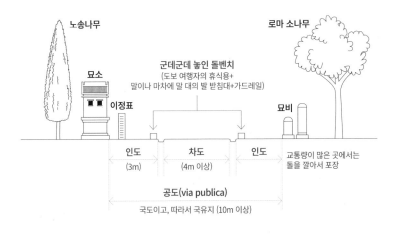

로마 가도의 단면도

성곽으로 둘러싸인
중세 도시

중세 시대는 게르만족에 의해 476년 서로마 제국이 멸망하고 1453년 동로마 제국이 멸망할 때까지를 말한다. 중세 시대에 들어서면서 유럽은 여러 게르만족 왕국이 출현했다. 뿐만 아니라 북쪽에서는 노르만족(Norman), 서쪽에서는 마자르족(Magor)의 침입이 잦았다. 그러나 왕국은 이들로부터 국민을 지켜낼 힘이 없었고, 사람들은 목숨을 보장받을 수 있는 장치가 필요했다. 그 장치는 바로 봉건장원제였다. 당시 거의 전 유럽이 강력한 영주의 지배 아래 장원체제로 재편되었다.

중세 도시는 이민족의 빈번한 침입과 도시 간의 다툼과 전쟁으로 방어가 가장 중요했고, 따라서 성곽도시가 발달하였다. 오늘날 요새를 의미하는 접미사 burg, bourg, borough, burgh로 끝나는 도시들은 이들이 과거 성곽도시였음을 말해준다. 성곽은 도시 형태를 결정하는 요소임과 동시에 도시의 평면적 확장을 제한하는 요소이기도 했다. 지형을 고려해 축조되었기에 성곽은 불규칙한 형태를 가질 수밖에 없었다. 성곽으로 인한 강한 폐쇄성으로 인구 증가에 따른 도시 확산은 제한적이었다. 그러나 강과 바다에 접하여 상업 활동이 활발한 도시들은 물리적 경계를 넘어 확장되기도 하였다.

도시 가로체계 역시 불규칙한 구조였다. 적이 성 안으로 쳐들어왔을 때 혼란을 주기 위해 의도적으로 만든 것이다. 도시는 성벽, 성문, 교회가 주요 동선을 결정했다. 성벽과 바깥의 해자, 운하, 강은 도시를 섬으로 만들었다. 성벽은 단순히 군사적 효용이 있었을 뿐만 아니라 교회의 첨탑을 상징하고 있었다. 성벽은 도시를 고립시켰는데, 도시 밖의 형편없는 도로 상태도 도시 간의 소통을 더욱 어렵게 만들었다. 그러나 중세의 모든 도시가 불규칙한 도시 형태와 가로체계를 가진 것은 아니었다. 일부 신도시에서는 격자형 가로체계와 정방형 혹은 장방형 성곽구조가 나타나기도 했다.

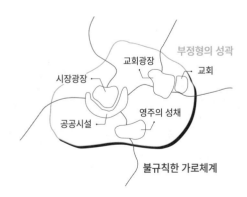

중세 도시의 공간 구조

중세 프랑스의 성곽 도시 카르카손

중세 도시의 중심은 교회와 시장이었다. 특히 교회는 도시 삶에서 모든 것의 중심이었다. 수많은 군중이 모일 수 있는 광장이 있었고, 종교적·문화적 활동이 이곳에서 이루어졌다. 시장 광장 역시 중심이 되었다. 이 주변으로 시청사와 같은 공공시설과 상점이 입지하여 정치·경제 활동의 중심지가 되었다. 중세 도시의 구조는 교회와 시장을 강조하는 형태로서, 소위 '방사 순환 체계'로 구성되었다.

중세 도시의 인구 규모는 1만 명을 넘는 경우가 많지 않았다. 대체로 1,000명에서 5,000명 정도였다. 중세 도시의 전형이라 할 수 있는 카르카손(Carcassonne)의 인구는 1304년 당시 9,500명이었다. 물론 13세기의 파리나 14세기의 피렌체(Firenze) 같이 10만 명 이상의 인구를 갖는 도시도 있었지만 17세기까지는 대단히 예외적이었다. 성곽의 크기를 무한정 늘리기 어려웠고, 상수원 공급이나 위생 처리에도 한계가 있었기 때문이다. 따라서 중세 도시의 크기는 대체로 중심에서 반 마일(약 800m)을 넘지 않았다. 그러나 인구가 적고 도시가 작은 만큼 도시 환경은 비교적 깨끗하게 유지될 수 있었고, 도시 생활에 필요한 시장, 상가, 관청, 시장이 도보 거리 내에 있어 무척이나 활기찼다. 마치 서울의 명동과 같았을 것이다. 또 도시가 작은 만큼 오늘날 대도시라면 사전 약속 없이 만날 수 없는 친척과 친구들을 매일 몇 번이고 마주쳤을 것이다.

도시 간 이동도 보행이 중심이었다. 중세 시대에는 많은 성곽 도시가 분산되어 있었는데 하루 보행 거리 내에서 놀랍도록 규칙적인 형태로 배치되어 있었다. 당시 보통 사람들은 다른 도시에 갈 때 자신의 발만을 이용했던 것이다.

중세 도시는 전체적으로 기능 분리 없이 복합적인 토지 이용이 이루어졌다. 직장과 주거지가 같았으며 따라서 가족과 친척이 늘 가까운 곳에 있었다. 도시의 중심부에 부유한 계층이 살았고, 그 뒤로 중소상인이 거주하였다. 소작농의 하층 서민들은 성 밖에 거주했다.

중세 도시는 10세기에서 15세기에 걸쳐 꾸준히 성장했다. 성벽이라는 물리적 한계가 있었으나 일정 수준의 인구 규모에서는 큰 장애물이아니었다. 성벽을 헐고 도시 경계를 확장하는 것은 간단한 일이었고, 실제로 많은 중세 도시는 마치 나무의 나이테와 같이 성벽을 확장하며 성장해 나갔다. 성곽의 크기는 대체로 중심으로부터 반 마일 이상 확장되지 않았지만, 몇몇 도시들은 그렇지 않았다. 파리는 세느강 한가운데 시테 섬으로 시작하여 19세기까지 세 차례에 걸쳐 성곽을 재축조하며 성장하였다. 이때 기존 성곽은 허물어 환형의 도로가 되었다. 카르카손의 경우도 도시 확장의 압력에 성장을 거듭했다. 그러나 결국 북서쪽의 아우드(Aude) 강에 막혀 팽창의 한계에 이르자 기존 도시 옆에 신시가지를 건설하였다.

중세 도시의 도로는 오늘날의 도로와는 전혀 달랐다. 우리는 보통, 주택이 주어진 도로선 연변에 입지하는 것으로 생각하고 있다. 하지만 중세 도시에서는 기업이나 공공건물들이 자족적인 구역이나 섬을 형성하면서 외부의 도로와 관계없이 배치되었다. 도로는 비좁고 구불구불했으며, 막다른 골목길이 많았다. 도로는 보행자들을 위한 통행로였고 마차 통행을 위한 것이 아니었다. 다행히 이런 도로들은 지독한 겨울바람을 막기에 좋았고, 겨울철 활동을 편안하게 했다.

보행자를 위한 도로 포장은 1185년경 파리, 1235년 피렌체, 1310년 뉘른베르크(Nürnberg)에서 시작되었다. 초기에는 중요 도로에만 적용되었고 확산도 더뎠지만 14세기 말 영국에서 포장도로는 사람들에게 꽤 일상적이었다. 1431년 노샘프턴(Northampton)은 '도로 포장법'에 따라 시 정부가 주택 소유자에게 주택 인근 도로를 포장하고 수선하도록 명령할 권한을 갖고 있었다. 또한 당시에는 건물주가 건물 앞의 도로를 청소하도록 하는 관습도 있었다.

전형적인 중세 도시는 오늘날의 촌락 또는 시골 도읍에 가까웠다. 중세 도시는 채원(菜園)과 목초지를 여전히 도시 중심부에 갖고 있었다. 그러나 도시가 성장하면서 내부의 녹지 공간을 잠식해갔다. 도시 성벽을 넘어서 팽창할 수 없었던 인구는 내부의 녹지 공간을 채워 나갔고, 위생 문제가 심각해지기 시작했다. 케임브리지(Cambridge)에서는 말이 쏟아내는 똥 더미를 도로상에 쌓이도록 내버려 두었다가 1주일 간격으로 내다 버렸다. 영국 의회가 1388년 영국 최초의 도시위생법을 통과시킨 것은 우연이 아니었다. 영국 의회는 이때 배설물과 쓰레기를 개천, 강, 호수에 내버리는 행위를 금하는 법령을 통과시켰다. 이렇게 위생 문제 해결을 위한 노력이 계속되었지만, 중세가 끝날 무렵 상태는 더욱 악화되었다. 당시 도시의 인구 집중과 그에 따른 높은 임대료 때문에 고층 임대주택이 들어섰다. 이런 곳에서는 옥외의 하수구나 분뇨 처리 시설을 사용하기 어려웠고, 요강을 사용한 거주민들은 야간에 배설물을 거리 밖으로 내다버렸다.

르네상스:
바로크 시대의 도시

14세기경 신과 종교에 집중되어 있던 유럽은 종교개혁, 절대왕정의 등장, 시민계급의 성장, 자본가 등으로 엄청난 정치·사회적 변화를 겪었다. 이 시기를 르네상스 바로크 시대라 한다.

변화의 시기였지만 도시 자체는 큰 변화가 없었다. 대부분의 도시는 중세 도시 형태를 그대로 유지했다. 다만, 절대왕정의 등장과 함께 정치 권력의 핵심 도시와 상업이 크게 발달한 몇몇 도시는 도시 규모와 가로체계에 변화를 겪게 되었다. 특히 16세기 이후 마차의 등장은 도시의 가로체계에 큰 변화를 주었다.

절대적 정치권력의 중심이 된 대표적인 도시는 로마, 런던, 파리였다. 정치권력은 이들 도시를 성장시켰고, 기존의 성곽을 허물어 도시 외곽으로 재축조하였다. 기존 도로에 대한 대대적인 정비 작업이 단행

중세 이후 로마의 도로 정비 상황

환상형 도로가 설치된
기존 성곽

되면서 중심가로는 크게 확장되었고, 다른 도로들도 함께 정비되었다. 도시의 중심성을 확보하기 위해 가로체계는 방사형 구조를 유지하였고, 허문 기존 성곽의 지리에는 환상형 도로가 설치되었다.

15세기 중엽까지 로마는 소규모 도시로 전락한 상태였지만, 교황이 로마로 돌아오고 교황에게 자치권이 주어지면서 로마 재건이 시작되었다. 이 과정에서 기존의 불규칙한 가로체계를 없애고 룬가라(Lungara)와 기우리아(Giulia) 등의 간선 도로를 건설하였다. 또한 20여 개의 보조 간선 도로를 직선으로 새롭게 정비하면서 방사형 도로 체계를 확립하였다. 방사형 도로는 광장을 중심으로 뻗어나가고 있는데 대표적인 광장인 포폴로(Popolo)는 로마의 북쪽 경계부에 위치하며, 여기서 3개의 직선도로가 시작되는 형태였다.

런던의 가로체계는 로마와 달리 기존의 불규칙한 형태를 그대로 유지했다. 1666년 대규모 질병과 화재로 13,000여 호의 주택을 비롯하여 도시 대부분이 파괴된 런던은 이를 기회로 재건 계획을 세웠다. 당시 주요 거점 4개 지역에 광장을 두어 이들을 방사형으로 연결하고, 방사형 간선 도로 사이는 격자형 가로체계로 하자는 계획들이 있었으나 받아들여지지 않았다. 토지소유권 분쟁이 발생할 소지가 컸기 때문이다. 결국 기존의 불규칙한 가로체계를 유지한 채 도로를 넓히고 직선화하였고, 질병에 대한 두려움으로 인해 고밀개발을 지양하고 저밀개발 위주의 계획을 전개하였다.

상업 기능의 확대로 인해 발전된 도시도 정치 중심의 도시와 크게 다르지 않았다. 도시는 확장되었고 가로체계도 방사형 구조를 유지하였다. 대표적인 도시로 암스테르담이 있다. 네덜란드의 암스테르담은 유럽 상업도시의 상징이었다. 16세기 초반까지 다른 중세 도시처럼 불규칙한 가로체계와 부정형의 성곽으로 둘러싸인 인구 3만 명의 작은 도시였다. 앤트워프(Antwerp)가 스페인에 점령당하면서 암스테르담에는 경제력을 갖춘 사람들이 모여들었고, 입지적 편의성을 기반으로 상업 도시로 급격히 성장하게 되었다. 도시 확장이 필요했던 암스테르담은 중세 성곽을 철거하였고, 수차례의 철거와 축조를 통해 도시를 확장시켰다. 확장 과정에서 원활한 화물 수송을 위해 성곽 주위의 해자를 운하로 활용하기 시작했고, 운하를 통한 방사형 구조의 도시 체계를 갖추게 되었다.

한편, 유럽은 르네상스가 시작되던 14세기만 해도 우리가 흔히 말하는 말이 끌고 사람이 타는 마차는 어디에도 흔치 않았다. 왕과 귀족은 말을 탔고 서민들은 걸어 다녔다. 좁고 불규칙한 도시 가로도 마차보다는 보행이 훨씬 편했다. 수레와 우마차조차 도시의 입구에서 짐을 내리면 짐꾼이나 가축이 물건을 도시 안으로 옮기는 것이 일상이었다.

그런 마차가 16세기를 거치면서 급격하게 증가하기 시작했다. 1650년경 유럽에서 'Coach'라는 단어는 승객용 사륜마차를 이르는 일반적인 용어가 되었다. 승객용 사륜마차의 수는 유행처럼 번져 1814년에는 주민 145명당 1대에 달하는 양으로 늘어났다. 마차를 수용하기 위해 유럽의 도시 도로는 포장을 깔기 시작했고 길은 넓고 곧게 일직선으로 바뀌었다. 바로 그 시기에 보행자의 시대도 막을 내렸다.

17세기 도시의 마차와 보도

보행자들은 늘어나는 말의 배설물, 교통혼잡, 교통사고로 고통받기 시작했다. 이전 보행자의 도시는 사회적 관계 및 개인적 관계가 도로로 인해 갈라지지 않았다. 그러나 마차로 인해 보행자는 인도에 갇혀버렸고, 확장된 도시와 넓어진 도로로 인해 토지 이용이 분리되고 말았다. 보행자는 이제 일터로 가기 위해, 생필품을 사기 위해 더 멀리 걸어야 했다.

격변기의
근대 도시

근대는 프랑스 대혁명(1789) 이후부터 제2차 세계대전까지(1945)를 말한다. 이 시대에 서양 사회는 프랑스 대혁명을 계기로 종전의 신분제 사회와는 다른 새로운 '시민사회(Civil Society)'로 진입하였다. 특히 자유주의와 민주주의가 본격적으로 시작되는 시대이기도 하다. 경제적으로는 '산업혁명(Industrial Revolution)'이 발생하여 종전의 소규모 가내수공업이 주류를 이루던 생산 체제에서 기계를 이용한 대량생산 체제로 급격히 탈바꿈하였다. 또한 대량생산은 교통의 발달과 함께 원료를 운반하고 시장을 연결하면서 산업화의 동력이 되었다. 생산 수단을 소유한 자본가들과 이들에게 노동을 제공하고 임금을 받는 노동자 계급이 탄생했으며, 노동자들의 열악한 노동환경은 사회주의를 탄생시키는 결과를 낳기도 했다.

산업혁명 당시의 공장 모습

　근대 바로 직전, 17세기 영국은 인클로저(Enclosure) 운동으로 농지들이 지주나 자치 농민(Yeoman)들에 의해 통합되기 시작했다. 농민층은 부농과 빈농으로 나뉘었고 빈농으로 전락한 농민들은 자치 농민 밑에서 임금을 받는 노동자 계급(프롤레타리아)이 되었다. 1769년 와트(James Watt)의 증기기관 발명 이후 산업혁명이 시작되자, 도시는 종전 소규모 가내 수공업에서 기계를 이용한 대량생산 체제로 급변하게 된다. 농촌의 농민들은 노동자가 필요한 도시로 일자리를 찾아 몰려들었다. 도시의 신흥 부르주아(Bourgeois)들이 노동자들을 손쉽게 착취할 수 있는 환경이 조성된 것이다. 이때 여성 인력도 크게 늘었고, 어린 아이들도 만 7세부터는 면직 산업에 동원되었다. 탄광이나 공장에서는 연간 3,000시간을 일해야 했다. 이러한 노동력 착취는 유럽뿐만 아니라 다른 나라의 산업화 과정에서도 예외 없이 나타났다.

대규모 공장제 생산은 농촌인구의 도시 집중을 가속화시켰다. 한 세기 동안 맨체스터, 버밍엄, 리즈, 글래스고 같은 공업 도시 인구는 다섯에서 열 배까지 급증했고, 런던의 인구는 보다 빠르게 팽창했다. 이미 19세기로 들어오면서 100만 인구를 뛰어넘었고, 그 다음 60년 동안 다시 세 배가 증가하여 300만 명을 기록하게 되었다. 1800년 이전 영국에서 인구 10만 명 이상의 도시는 런던뿐이었지만, 1851년에는 10개 도시, 1911년에는 36개 도시로 늘어났을 정도로 성장하였다.

대량생산과 수출을 통해 도시의 부(富)는 크게 늘었지만 인구가 증가하면서 주거 환경 역시 급속도로 악화되었다. 농촌에서 도시로 이주한 사람들은 교통 수단이 없어 공장이 군집한 지역에 정착했고, 이들 지역은 곧 살기 어려운 불량지구로 변했다. 주택의 공급은 민간 투기업자, 소위 제리 빌더(Jerry Builder)들이 담당했다. 이들은 건설 노임을 낮추기 위해 가장 저급한 수준의 주택을 공급하였다. 주거지는 일자리 가까운 곳에 건설될 수밖에 없었으니 이들의 주택은 공장 인근에 닥치는 대로 지어졌다. 당시의 도시는 노동자에게 경제적 기회를 제공했으나, 거기서 삶을 누릴 수 있는 주택과 환경을 제공할 능력은 없었다.

주택이 넉넉한 간격을 두고 있을 때는 쓰레기, 오수, 오물을 그럭저럭 처리할 수 있었다. 다양한 옥외활동도 활발했다. 그러나 일자리를 찾아 유입된 인구가 집중되자 주거지는 더욱 비좁아졌다. 상수도는 하수에 의해 오염되었으며 쓰레기는 곳곳에 쌓여 있었다. 공장 연기와 공장 폐기물은 숨 쉴 공기와 마실 물을 오염시켰다. 당시 사람들은 주택에서 나온 배설물을 지하의 분뇨 구덩이에 모아 버렸다. 1810년 런던에는 이런 분뇨 더미가 20만 개 정도로 추정되는데, 분뇨 수거인들이 돈을 받고 분뇨를 수거했고, 그것을 시골 농부들에게 거름으로 팔았다.

근대 도시의 변화는 주거 환경에 대한 적개심이 충분히 악화된 시점에서 나타났다. 공장은 대체로 도시에서 가장 좋은 부지를 요구했다. 면사 공장, 화학 공장, 제철 공장은 증기기관에 물을 공급하고 가열된 표면을 식히는 한편, 생산에 필요한 화학적 용해와 염색을 해야 했다. 생산 과정에서 많은 물이 필요했기 때문에 주로 물가에서 가까운 부지가 필요했고, 공장이 이런 지역에 집중되었다. 산업 발달에 따른 공장 확대와 열악한 주거 환경을 해결하려면 집중된 토지 이용을 분산시켜야만 했다. 결국 주거지가 도심 밖으로 밀려났다. 마차로 출근이 가능한 만큼 주거지가 외곽으로 밀려났고, 새로운 교통 수단인 철도가 등장한 이후에는 그런 경향은 더욱 강해졌다. 공장과 주거지역의 분리에도 조금은 숨통이 트였다. 이때 오늘날 신도시의 모태가 되는 최초 전원도시인 레치워스(Letchwaorth)와 웰윈(Welwyn) 등이 대도시 주변에 조성되었다. 도시 근로자는 전원도시에 살면서 철도로 장거리 통근을 했다. 그러나 철도를 이용하려면 여전히 도보와 말에 의존해야 했기 때문에 전원도시의 공간 범위는 여전히 이들이 도달할 수 있는 범위로 한정되었다.

주거지와 직장이 분리되면서 사람들은 이전 시대와는 비교할 수 없을 만큼 먼 거리를 이동해야 했다. 전에 없던 합승마차를 타야 했고 증기기관차를 타야 했다. 새로운 교통 수단의 등장으로 보행 환경은 더없이 열악해졌다. 좁은 도로, 말발굽이 내는 소음, 말의 배설물, 길 밖으로 밀려날 정도의 혼잡한 마차 행렬. 직장과 주거지가 분리되기 이전의 거리는 친척이나 친구들을 만나고, 생활 속 대부분의 일들이 벌어지는 장소였지만, 근대 도시의 가로는 단지 이동을 위한 공간에 지나지 않았다. 중세 시대 도로는 비록 좁고 햇볕이 들지는 않았지만, 걷기에 나쁘지 않은 환경을 제공했다. 그때는 굳이 보행권이란 말이 필요하지 않았다. 길이 만들어진 목적이 원래부터 보행이었기 때문이다. 그러나 근대 도시의 보행자는 이제 마차에게 도로를 빼앗기고 쫓겨나는 지경에 이르렀다.

근대 도시의 거리 문제를 해결하고자 했던 노력 중 눈에 띄는 것은 1848년 '채드윅 위원회(Chadwick Committee)'에 의한 '공중위생법(the Pubilic Health Act)'제정이었다. 영국 의회로부터 권한을 이양받은 채드윅 위원회는 도시 환경에 필요한 건축 및 도로 시설 기준을 새롭게 규정하였고, 이를 지방정부가 책임 있게 추진할 수 있도록 권한을 부여하였다. 과거 공공시설 건설 과정에서 지방정부의 권한은 없었다.

19세기 도시의 거리(영국 런던)

따라서 상하수도 시설이나 도로 시설과 같은 공공시설의 개선이 어려웠고, 도시의 무질서한 시가지가 방치되었던 것이다. 나아가 영국 정부는 1858년 지방정부에 건축조례의 제정 권한까지 넘겼다. 다만, 정부는 차량 통행이 많은 도로 폭은 11m, 그 외 도로 폭은 7.3m 이상으로 할 것을 권고하였고, 쓰레기 및 하수 처리를 위한 측구 설치를 함께 요구하였다.

19세기에는 파리도 런던과 크게 다르지 않았다. 산업혁명으로 초고밀의 비위생적 도시를 피할 수 없었다. 특히 도로 여건이 좋지 않았다. 제일 큰 길이 어른 걸음으로 여덟 발자국에 불과했고, 포장은 도로의 중심부만 되어 있을 뿐이었다. 도로는 파리 시민들에게 걷기 힘든 환경을 제공하였다. 맑은 날엔 마차로 인한 먼지로 힘들었고, 비 오는 날엔 진창길로 힘들었다. 하수도 시설도 부족해서 건물 위에서 버린 오물로 거리엔 심한 냄새가 가득했다. 따라서 마차는 상류층에게 필수품이었고, 일반 시민들도 돈을 내고 마차를 이용하는 일이 많아졌다. 도로는 마차들로 가득 찼고, 말발굽이 내는 소음과 교통사고의 위험으로 보행자들은 고통을 겪지 않을 수 없었다.

파리의 가로 환경을 더 이상 참을 수 없었던 나폴레옹 3세는 1853년 오스만 남작(Baron Georges-Eugène Haussmann)을 파리 시장으로 임명한 후 도시의 전면 개조를 지시하였다. 나폴레옹 3세는 전염병을 일으키는 오물투성이 골목길을 정비하고, 시가지의 교통 혼잡 개선을 지시하였다. 구체적으로는 파리의 도로 폭을 넓히라는 것이었다.

오스만은 파리의 66,578호의 건물 중 27,000호를 철거하고, 도심에 95㎞의 도로를 신설하였다. 골목길 49㎞를 없앤 후에는 그곳에 70㎞의 도로를 다시 건설하였다. 총 640㎞의 도로가 포장되었고, 파리 시내 도로의 평균 폭이 두 배 이상 증가하였다. 가로수는 종전의 5만 그루에 5만 그루를 더 심었다. 하수도는 기존 163㎞에서 536㎞로 늘어나 도시 곳곳으로 뻗어 나갔고, 상수도도 기존 747㎞에서 1,545㎞로 크게 증가했다. 또한 기존 광장을 중심으로 방사형 가로체계를 유지하면서 동서남북의 주요 거점에 4개의 주요 공원을 건설하였다. 이로써 파리는 10분 거리마다 하나의 근린공원을 갖게 되었다.

오스만의 파리 대개조는 오늘날의 도시 형태를 만들었다(프랑스 파리)

자동차 중심의
현대 도시

　　18세기 말 영국에서 시작된 산업혁명은 이후 서구 유럽으로 급속히 확산되어 도시 전반에 엄청난 변화를 가져왔다. 산업혁명을 이끈 기술과 무기의 발명은 근세까지 도시의 형태를 결정했던 성곽을 무력화시켰다. 대부분의 성곽은 도시의 성장 과정에서 사라질 수밖에 없었다. 도시로 빠르게 유입되는 인구와 자본, 그리고 교통기술의 발전과 산업화가 워낙 급속히 전개되는 바람에 도시를 계획적으로 확대시키는 것은 거의 불가능했다. 따라서 도시는 부정형의 형태로 비대해졌다. 도시가 확장되는 과정에서 인근 도시와 결합하여 연담화(連擔化)[*]되거나,

---

*　중심도시의 팽창과 시가화의 확산으로 인하여 주변 중소도시의 시가지와 서로 달라붙어 거대 도시가 형성되는 현상

신도시가 건설되면서 현대 도시는 수와 규모 면에서 급격히 성장했다. 1800년대만 해도 서구 세계에서는 어떤 도시도 100만 인구를 가진 도시가 없었다. 당시 가장 큰 런던이 96만 명이었고, 파리는 50만 명을 약간 넘었을 뿐이다. 그러나 1980년에는 100만 이상의 도시가 세계적으로 150여 개에 이를 정도로 늘어났다.

산업혁명의 중심지 런던은 엄청난 속도로 도시 확대를 거듭했다. 도시가 너무 빠르게 확장되는 바람에 공공에 의한 계획적 개발은 도저히 불가능했다. 결국 런던의 도시 형태는 오늘날에도 불규칙한 모양으로 남게 되었다. 계속되는 도시의 확대로 런던은 심각한 주거 부족과 교통 문제, 그리고 대기오염과 사회범죄 등 각종 문제에 빠지게 되었다. 이에 런던은 1944년 대런던 계획(Greater London Plan)을 발표하였다. 런던은 이 계획을 통해 시가지 확산 방지와 인구 유입을 막기 위한 그린벨트(Green Belt)를 도입하였다. 과거 성곽처럼 런던 교외 지역에 도넛 모양의 영구녹지 지역을 설치하여 도시 확산을 제한한 것이다. 도시가 확대되는 문제는 런던 주변에 8개의 신도시를 건설하는 것으로 해결하였다.

파리 역시 산업혁명 이후 도시의 급격한 확산을 경험했다. 당시 도시의 확대는 그 이전 시대 파리 대개조의 도시 골격을 따랐다. 파리 대개조는 주요 가로체계를 방사형으로 구성하고 도시의 주요 거점들을 연결하는 형태였는데, 이때 형성된 도시 골격을 그대로 유지하며 성장하도록 유도한 것이다. 도시 확대 과정에서 나타난 파리의 문제도 다른 도시와 마찬가지였다. 파리는 도시 문제를 해결하기 위해 파리지역 계획을 시행했는데, 이는 주로 가로체계의 정비에 중점을 둔 것이었다.

노트르담 사원을 중심으로 반경 35㎞ 지역의 가로체계를 정비하고 공원을 조성하였다. 또한 용도지역제를 통해 계획적 토지 이용을 모색하였다. 도심 반경 20㎞ 부근에 환상형 도로를 건설하고, 바깥으로 5개의 방사형 도로를 건설하여 방사환상형 가로체계를 완성시켰다.

이와 더불어 파리는 자동차 문제를 해결하고, 무질서한 도시 성장에 대처하기 위해 파리 근교에 5개의 신도시 건설 계획을 수립했다. 그 중 대표적인 신도시가 라데팡스이다. 라데팡스는 파리 도심의 서북쪽에 위치하며, 업무 기능과 인구 분산을 목적으로 건설되었다. 서울 근교의 분당, 일산 등의 신도시와 같은 목적이라고 볼 수 있다. 라데팡스는 신도시로서의 상징성도 크지만, 자동차와 철도, 버스 노선과 보행을 완전히 분리한 점이 큰 특징이다. 도시를 복층 구조로 만들어 1층부는 도로, 철도, 지하철, 주차장 등 주요 교통 동선을 위한 용도로 활용하고, 2층부는 보행 전용공간으로 활용함으로써 넓은 오픈 스페이스를 확보하였다.

보행권의 상실

현대로 들어오면서 도시의 시민들은 보행권을 완전하게 상실하게 되었다. 물론 자동차 때문이었다. 이전의 마차 시대와는 비교할 수 없을 정도로 자동차가 모든 것의 중심이 되어버렸다. 20세기 초, 포드의 혁신적인 대량생산 시스템이 결정적인 계기였다. 이 놀라운 혁신은 일반 시민에게도 자동차를 구입할 수 있는 기회를 주었다. 자동차가 급속도로 증가하면서 도시에는 도로가 빠르게 건설되었고, 이동의 자유는 도시의 외연 확대를 이끌었다. 도시 내외를 자유롭게 이동할 수 있는 자동차는 중심지에 금융과 상업을 조직화하면서 도시를 성장시켰다. 게다가 자동차는 도시의 높은 인구밀도, 고층 건물, 상업·문화 시설과 대규모 주택단지 등 집약적 토지 이용을 하도록 유도하였다.

　과거의 도시들은 사람의 보행속도에 맞춰 블록의 크기가 결정되었다. 가로의 중심으로 이동하려면 블록이 작아야 했다. 그러나 자동차는 빠른 속도에 맞춰 업무와 생활 단위의 블록을 확장시켰다. 결국 슈퍼 블록이 대도시의 일반적인 모습이 되었고, 덩달아 8~10차로의 넓은 도로 또한 흔한 풍경이 되었다. 불행히도 블록이 커지면서 이제 더 이상 길의 주인은 보행자가 아니게 되었다. 교통신호를 따라 도로를 건너야 하며, 횡단보도가 없는 곳에서는 아예 도로를 건널 수도 없는 처지가 되어버렸다.

　현대 도시계획에서 도로는 자동차에게 충분한 공간을 준 이후 나머지 공간을 보행자 공간으로 할당한다. 자동차의 평균 넓이가 고작 1.8m임에도 불구하고, 한 개 차로의 폭원은 3.2m 혹은 3.5m가 되고, 4m를 넘는 경우도 종종 볼 수 있다. 대신 보행자를 위한 보도는 심각하게 인색해졌다. 자동차 소통에 장애가 되는 곳은 횡단보도를 없애고, 입체 교차로를 설치하거나, 육교 혹은 지하보도를 설치했다. 도시의 가로에서 걷는 행위란 너무나도 위험하고 불편한 일이 되어 버렸다. 과거 중세 시대 이전의 도시에서는 걷기가 두려운 적이 없었다. 거리는 사람들로 북적였고 걷는 행위는 누군가를 만나는 즐거운 일이었다. 걷는 동안 만나는 불편한 존재는 기껏해야 말이 끄는 수레 정도가 전부였다. 걷는 것은 안전한 일이었고, 가로는 사람들이 모이는 곳이자 생활이 머무는 공간이었다. 그러나 현대 도시에서 가로의 주인은 자동차가 되었고, 사람은 빠르게 질주하는 자동차를 피해 다녀야 하는 존재가 되었다.

보행권 회복을 위한 노력

이러한 자동차 중심 도시에 대항하는 차원에서 보행권 회복이라는 개념이 대두되었는데, 이는 보행자와 차량을 분리시키려는 도시계획으로부터 시작되었다. 사실 보도와 차도의 분리는 보행자를 보호하는 가장 단순한 방법으로, 그 역사는 고대 로마 제국에까지 이른다. 하지만 과거 보도와 차도의 분리는 일부 간선 도로에 그쳤다. 16세기가 되도록 마차 통행은 흔지 않았고, 보행사는 보도와 사도의 구분 없이 다닐 수 있었다. 다시 말해 도시에서 보행은 사람들의 일반적인 이동 방법이었던 것이다. 그러나 근대 이후 차도는 말 그대로 '차도'가 되었다. 특히 자동차 도시에서 차도는 사람의 접근이 거의 불가능하다. 과거에는 도시에서 차도를 걷는 것이 흔한 일이었다.

이런 상황은 1928년 라이트와 스타인의 래드번(Radburn) 계획과 페리의 『근린주구론(The Neighborhood Unit)』(1929), 제인 제이콥스의 『공중생활』(1961), 콜린 뷰캐넌의 『뷰캐넌 보고서(Traffic in Towns)』(1963)를 통해 자동차 중심의 도시를 반성케 하였고, 보행권 회복과 삶의 질을 높이고자 하는 일련의 도시계획 기법들을 제안하게 하였다. 그리고 그 정점에는 1988년 유럽 의회의 '보행자 권리헌장'의 제정과 선언이 있었다. 유럽 사회는 이 헌장을 통해 공공 도로에서 안전하고 쾌적한 이동을 보장받을 수 있는 보행권이 인간의 기본 권리임을 분명하게 선언한 것이다.

서구 유럽은 중세 이후 잃어버린 보행권을 회복하려는 노력을 계속 이어갔다. 보행자와 차량을 분리시키고자 했던 초장기 개념을 잘 담아낸 근린주구론과 래드번 계획을 잠시 살펴보자. 근린주구는 1924년 페리(C. A. Perry)가 제안한 주거단지 개념으로, 어린이들이 위험한 도로를 건너지 않고 통학할 수 있는 단지 규모에서 생활의 편리성과 쾌적성, 주민 간 교류 등을 도모할 수 있도록 조성된 물리적 환경을 말한다. 이에 따라 근린주구에는 초등학교를 근린생활의 중심으로 하여 통과 교통을 밖으로 우회시키고, 주구 내부 도로를 막다른 길로 조성하는 쿨데삭(cul-de-sac)을 적용하여 차량과 보행을 분리하도록 하고 있다. 근린주구는 철저한 자동차 통행의 억제와 보행이 가능한 거리 내에서의 생활을 목표로 하고 있는데, 이것은 성곽으로 둘러싸여 있는 작은 도시, 작고 복잡한 부정형의 도로, 걸어 다닐 수 있는 거리 내에 생활의 모든 것들이 있었던 중세 도시와 유사하다.

근린주구 개념을 잘 담고 있는 실제 도시계획 사례로 1930년대 미국 뉴저지의 래드번 계획이 있다. 래드번은 3,000명 남짓의 인구가 모여 사는 작은 마을이지만, 보행과 자동차를 고가도로나 지하차도로 철저하게 분리했다. 각 주택은 쿨데삭을 통해 차량의 통행을 제한했고, 주택 후면에는 공원과 녹지, 보행자 전용도로를 배치했다. 보행 환경을 고려한 주거지 계획으로서, 래드번 계획은 미국은 물론 영국의 대도시 주변 신도시에서 채택되는 등 도시계획의 전형이 되었다.

이론으로서의 근린주구나 실제 사례로서의 래드번 계획은 걷고 싶은 도시를 만들기 위한 발전 과정에 있는 것은 분명하다. 그러나 입체적인 보차 분리는 그 자체가 사람 중심이라기보다는 자동차 통행을 위한 것이었고, 녹지와 보행자 전용도로가 걷고 싶은 가로의 이상향이라는 생각도 가로에 대한 이해가 부족한 탓이었다. 수목이 우거진 산책로가 시민을 걷게 하리라는 기대는 무너진 지 오래다. 미국의 도시학자 제프 스펙은 그의 저서 『걸어다닐 수 있는 도시(Walkable City)』에서 거리의 녹색은 잘못된 색이라고 말한다. 거리는 유용하고, 안전하고, 편안하고, 흥미로워야 하는데, 산책로가 이들 조건을 만족시킬 수 없다는 것이다.

이와 같은 반성은 1960년대에 들어서자 보다 구체적인 보행 환경 개선 사업으로 나타났다. 1968년 네덜란드에서는 걷고 싶은 가로의 전형이 된 본엘프(Woonerf)가 시작되었다. 본엘프는 우리말로 '생활마당'이란 뜻이다. 거리를 마치 우리가 생활하는 집 앞마당과 같이 안전하고 편안한 곳으로 만들겠다는 의도다. 실제로 본엘프로 지정된 곳에서는 차량이 보행자보다 빨리 달릴 수 없다. 차량의 최고속도를 보행속도인 시속 4~7km로 제한한 것이다. 뿐만 아니라 도로에서 연석을 제거하였고, 화분을 이용해 구불구불한 도로를 만들었다. 이곳에서는 어린이가 도로 위에서 뛰어놀 수도 있었다. 본엘프가 기존 도시와 다른 것은 보행자를 철저하게 배려한 가로 설계라는 점이다. 그렇기 때문에 도로 선형, 차로 폭, 연석, 속도제한 시설, 주차 문제에 이르기까지 매우 디테일한 계획을 담고 있었다.

　　1975년 네덜란드 정부는 본엘프의 시행을 '도로교통표지와 규제 (Reglement verkeersregels en verkeerstekens, RVV)' 제44조를 통해 명문화하기까지 했고, 1999년까지 6,000개의 본엘프를 지정·운영하였다. 본엘프 이후, 이와 비슷한 시도가 많은 국가에서 동시다발적으로 일어났다. 미국의 완전한 가로(Complete Street), 일본의 커뮤니티존(Community Zone), 영국의 홈존(Home Zone) 등이 바로 그것이다.

네덜란드 본엘프(Woonerf) 사례

20세기 우리나라의 교통 환경

서구 유럽이 자동차 중심 도시에 대한 반성과 보행권 회복 운동을 전개하던 1960년대, 우리나라는 한국전쟁이 끝나고 국가 재건을 위한 산업화에 박차를 가하고 있었다. 절대 빈민국가였던 당시 상황은 제대로 된 포장도로조차 보기 힘들던 때였다. 1953년 한국전쟁 직후 서울에 시내버스는 고작 80여 대였고 자동차는 3,600대가 전부였다. 이후 국가 중심의 경제개발 5개년 계획이 추진되었고, 한강의 기적이라 불릴 정도로 우리나라 경제는 빠르게 성장해갔다. 그런 가운데 도시 인구 역시 빠르게 증가하였다. 특히 서울의 경우 매년 30만 명이 증가할 정도로 급격한 도시 인구 집중이 이루어졌다. 그러나 도로와 대중교통 등 교통 기반시설이 매우 부족했다. 차량 등록 대수가 10만 대에 불과했던 1977년 무렵에도 교통 혼잡은 서울의 가장 큰 골칫거리 중 하나였다. 교통 혼잡은 큰 사회적 비용을 초래했기에 효율성은 무엇보다도 중요한 가치였다. 당시 해결책으로 도시 곳곳의 주요 도로에 고가도로를 올리거나 교차로에 지하차도를 건설하면서 입체화하였다. 거기에 더해 보행자로부터 자동차 통행이 방해받지 않도록 많은 지하보도와 보행 육교가 세워졌다. 1966년 광화문 지하보도 건설로 시작된 서울 시내 지하보도는 1990년대 중반에 이르러 그 숫자가 250여 개에 달했다.

지하보도나 보행 육교가 많아지면서 그 주변으로 무단횡단이 크게 증가했다. 지하보도나 보행 육교 주변에는 횡단보도를 설치할 수 없다는 도로교통법 때문이었다. 당시에는 지방경찰청 교통규제심의위원회심의 안건으로 처리할 정도로 횡단보도 설치를 꺼렸다. 횡단보도 녹색 시간도 성인의 보행속도가 기준이었다. 이렇듯 우리나라는 2000년이 되기까지 교통혼잡 해소를 위해 모든 노력을 기울였다. 그도 그럴 것이 1999년의 자동차 등록 대수는 약 240만 대였다. 한국전쟁 이후 670배 이상 증가한 것이다. 이 많은 자동차의 통행 수요를 처리하기 위해 대도시들은 도시 고속도로를 건설하고, 도심 간선 도로를 정비해야 했다.

또한 우회전과 좌회전 차로를 확보하면서 보도를 줄여야 했고, 교차로에는 교통섬이 설치되면서 보행자의 횡단거리는 더욱 길어졌다. 20세기의 한국은 서구 유럽이 산업혁명 이후 겪었던 산업화와 도시화 과정을 빠르게 답습한 시기였고, 마찬가지로 길의 주인이었던 보행자가 모든 것에서 소외당했던 시기였다.

1975년 준공된 은평육교(서울)

21세기의 보행권 회복 운동, 그리고 남은 과제

  1990년대에 들어서자 자동차 중심 도시에 대한 반성과 보행권 회복을 위한 노력이 시민단체를 중심으로 전개되기 시작했다. '녹색교통'(1992년 설립)과 '걷고 싶은 도시 만들기 시민연대'(1994년 설립)가 바로 그 주인공이다. 녹색교통이 1993년 주관한 '보행권 신장을 위한 도심지 시민 걷기 대회'는 보행권 운동의 시발점이 되었다. 1996년에는 걷고 싶은 도시 만들기 시민연대가 주축이 되어 '걷고 싶은 서울 만들기 운동본부'를 발족시켰고, 이 운동본부는 서울시 보행 조례 제정 운동에 들어갔다. 그리고 1997년 1월 15일에 우리나라 최초의 '서울특별시 보행권 확보와 보행 환경 개선에 관한 기본조례'(서울특별시조례 제3376호), 그 이듬해에는 우리나라 최초의 '보행 환경 기본계획'이 수립되었다. 서울시는 이 기본계획을 통해 소외되고 차별받던 보행 환경의 새로운 변화를 맞게 되었다. 가장 먼저 보행 육교와 지하차도를 철거하기 시작했고, 사라졌던 횡단보도를 복원·확대하였다. 서울시는 2001년까지 112개소의 횡단보도를 복원 및 확대 조성했다. 광화문의 세종로와 같은 광로에도 횡단보도가 설치되었으며, 횡단보도 녹색 신호도 교통약자에 맞추어 초속 0.8m로 조정되었다. 이밖에도 보도 위에 주차를 금지하였고, 차 없는 거리와 구역을 조성하였다.

  서울시가 보행권 회복을 위한 다양한 변화를 시도하는 가운데, 국가 차원의 변화도 시작되었다. 대표적인 것이 2005년 '교통약자의 이동 편의 증진법'의 제정이다. 이어서 2009년 '도로의 구조 시설 기준에 관한 규칙' 개정을 통해 보도의 최소 유효 폭을 기존 1.5m에서 2.0m로 확대하기도 했다. 보행권 회복을 위한 제도로써 정점은 2012년 '보행 안전 및 편의 증진에 관한 법률'의 제정이었다. 이 법이 중요한 것은 제3조를 통해 국가와 지자체로 하여금 국민의 보행권을 보장하도록 분명하게 명시하고 있다는 점이다. 또한 이 법은 5년마다 보행 안전 및 편의 증진을 위한 기본계획을 수립하도록 정하고 있다. 이로써 중앙정부 및 지자체는 보행 환경 개선을 위한 계획을 수립하고 집행할 의무가 생긴 것이다.

우리나라의 보행권 회복과 관련하여 또 하나의 놀라운 사건은 '안전속도 5030'의 전면 시행이다. 안전속도 5030이란 도시 내 일반도로의 제한속도를 시속 50㎞로 하고, 이면도로는 시속 30㎞로 제한하는 정책이다. 안전속도 5030은 행안부, 국토부, 경찰청 등 정부 기관이 참여한 '안전속도 5030 협의회'를 통해 범정부 차원에서 추진되었다. 2017년 9월 부산 영도구에서 처음 시작한 이래, 여러 도시에서 시범적으로 추진해오다 2021년 4월 17일 전국 모든 도시에서 일제히 시행되었다.

1967년 완공된 삼각지 고가차도와 1969년 완공된 청계천 고가차도

서울시내 철거(예정) 고가차도

안전속도 5030은 도로에서 보행자 안전에 크게 도움을 주는 것은 물론, 도시 가로 풍경에도 변화를 줄 것이다. 차량 속도가 줄어든 만큼 지금처럼 넓은 차로 폭을 유지할 필요가 없기 때문이다. 보도 폭이 확장될 수 있고, 그로 인해 횡단 거리가 감소하면 넓은 도로로 갈라진 토지 이용에도 변화가 생길지 모른다.

다소 늦은 감이 있으나 21세기에 들어오면서 우리나라는 보행권 회복을 위한 많은 법 제도와 정책, 그리고 관련 지원 사업을 추진했다. 지금도 보행자 권리에 대해 국가 차원에서 분명하게 인지하고 있으며, 명확한 방향성을 갖고 추진 중이다. 그러나 아쉽게도 아직 걷고 싶은 도시의 모습은 완성되지 않았다. 법 제도와 정책, 사업만으로 서구 유럽의 지난 노력을 하루아침에 따라잡아 보행권 회복을 달성할 리 만무하다. 지금까지 도시를 지배해온 자동차의 저항이 만만치 않기 때문이다. 교통계획가들은 여전히 차도를 최대한 넓히려 하고, 행여 교통 정체로 문제가 되지 않을까 노심초사한다. 보행자에게는 법이 허용하는 기준의 최소치만 보도로 내주고 있다. 이 정도면 보행자가 만족할 것이라고 믿는 것 같다. 어떻게든 노력해서 보도를 넓혔다 해도, 그 보도는 가로수로 채워져 버린다. 보도 공간이 나오지 않아 만들어 낸 차도 옆 보행로는 자동차의 주차공간이 되어버린다. 정작 자기 자신이 보행자이면서도 말이다. 이 모두가 보행 환경 개선을 가로막는 장벽들이다. 본엘프, 홈존, 커뮤니티존의 성공이 우리나라에서도 이어지려면 보행자에 대한 배려와 계획의 디테일이 필요한 이유다.

4장

모두가 공존하는
배려도시를 꿈꾸다

지속 가능한 도시를
어떻게 만들 것인가?

도시를 이용하는 우리들의 관행은 쉽게 바꾸기 어렵다. 양치질을 하면서 치약을 짜는 방법조차 쉽게 바꾸지 못하는 것이 사람들의 습관인데 하물며 수십 년 동안 살아오면서 공간을 이용하던 방식이 단번에 바뀐다는 것은 정말 어려운 일일 것이다. 도시를 쓰는 방식은 바로 문화 그 자체이기 때문이다. 세상이 변화하는 속도는 점점 빨라져서 이제 평범한 사람은 따라가기 어려울 정도다. 칼 폴라니는 변화의 방향도 중요하지만 사람들이 따라갈 수 있는 속도도 중요하다고 보았다. 실제로 정보통신기술의 확산이나 화석연료의 고갈에 대해서는 이미 오래전부터 많은 이들이 인지하고 있었다. 하지만 기후위기나 인구절벽 문제가 지방소멸 문제와 맞물리며 우리나라의 모든 도시가 아무도 경험한 적 없는 재난 상황으로 흘러가고 있다.

기존 도시 공간을 만들고 이용하며, 그에 필요한 자원과 인력을 배분하고 관련된 제도와 조직을 운영하는 일은 매우 무거운 관성을 가지고 있다. 많은 시민들에게 익숙해진 이용 행태를 안정적으로 유지·지원하기 위해서는 도시 공간의 관성이 충분히 클 필요가 있기 때문이다. 도시를 함께 쓰기 위한 이러한 장치들은 기존의 문제들을 일정한 범위 내에서 악화되지 않도록 유지 관리하는 데 최적화된 것이라 볼 수 있다. 그러나 새롭게 대두되는 자연과학적, 사회과학적 위기에 대응하는데 기존 장치들이 과연 효과적인지에 대해서는 사회구성원 모두의 자문이 필요한 시점이다. 즉, 이대로 도시를 이용해도 현시대의 문제를 해결할 수 있을지 함께 이야기해야 하는 것이다.

정책을 다루다 보면 개별적인 사안이나 장소보다는 집합적인 숫자나 물량에 집중하기 쉽다. 이는 소수의 공공부문 인력이 도시나 국토의 여러 현안에 대응하다 보면 어쩔 수 없이 발생하는 현상이다. 그런데 이러한 접근방식은 복잡한 현실 상황을 일정한 방식으로 단순화하면서 정책적으로 해결하기 어려운 문제들을 놓치기 쉽다. 걷기 좋은 도시를 만드는 일 또한 마찬가지다. 도시의 교통체계는 최대한 빠른 속도를 유지하는 것이 중요하기에 자동차 위주로 도시 공간을 조성하고 관리하게 된다. 이 과정에서 각 도시 공간이 어떠한 위험과 어려움에 처하게 되는지, 삶의 터전으로서 도시가 일상을 담아내기 부적절한 공간으로 변해가는 이유는 무엇인지 미처 깨닫지 못하게 된다. 걷기 좋은 도시가 우리에게 줄 수 있는 것들이 많음에도 불구하고, 자동차의 속도를 유지해야 한다는 정책적 과제 때문에 도시 공간의 다른 소중한 측면들을 간과하도록 하지 않도록 해야 한다. 이러한 시선은 최근 우리나라뿐만 아니라 전 지구적인 차원에서 고민하는 기후위기에 대한 도시 차원의 대응전략, 지속 가능한 개발 개념과 밀접한 관련을 가지고 있다.

원론적인 논의가 얼마나 어려우며, 지난한 시간과 논란이 소모되는지 우리는 잘 알고 있다. 당장 도움이 되는 가장 손쉬운 방법은 비슷한 위기에 처한 다른 도시들이 어떻게 문제를 풀고 있는지 살펴보는 것이다. 많은 도시에서 도시 공간의 이용방식을 전면적으로 혁신하려는 움직임이 강화되고 있다. 이러한 움직임은 개별적인 도시 차원에서만 이뤄지는 것이 아니라, UN 차원에서 공식적인 의제로 다뤄지고 있다. 2020년 2월 스톡홀름에서 열린 도로안전에 관한 국제장관급 회의에서는 지속 가능한 개발목표(SDG)의 달성을 위해 도로안전과 정신적·육체적 건강, 평등, 지속 가능한 도시, 환경과 기후변화와의 관성을 고려해야 한다는 선언이 있었다. 어린이와 젊은이들의 도로교통사고로 인한 부담을 해결하기 위해 정치적인 노력을 기울이되, 여성·어린이·청소년 건강을 위한 국제 전략이 도로안전에도 실천될 수 있도록 회원국들과 국제사회에 요청하는 내용의 스톡홀름 선언이었다. 또한 이 선언에서는 도시의 지속 가능성을 달성하기 위해 더 안전하고 청결하며, 더 에너지 효율적이고 저렴한 교통 수단으로 빠르게 전환해야 하며, 보행이나 자전거와 같은 물리적 활동의 수준을 증진시키는 한편, 대중교통과 보행 및 자전거를 통합시켜야 한다고 명시하였다.

지속 가능한 도시는 단순히 기후위기를 억제하는 것에 국한되지 않으며, 개인 승용차를 이용할 수 없는 사회·경제적 집단, 승용차를 이용할 수 없는 가족구성원, 그리고 승용차 이외의 이동성이 제한되는 지역 등을 형평성 차원에서 모두 고려하는 것을 의미한다. 위기는 단순한 자연현상을 의미하는 것이 아니라 자연현상에 의해 삶의 여건이 심각하게 침해받는 상황을 말한다. 따라서 그러한 부정적 영향도 개별적인 역량과 여건에 따라 다양하게 나타나는데, 이 과정에서 기존의 형평성 문제가 더욱 악화될 수 있다. 실제로 자동차 중심의 교통체계를 운영할수록 소득이 낮은 계층에서는 이동성을 유지하기 위한 교통비용, 시간 비용의 부담 비중이 더 커지게 되므로, 역진적인 재분배 효과를 낳게 된다.

자동차 중심에서
보행자 중심으로

보행 친화 도시는 기존 승용차 중심의 도시이용 방식을 바꾸고, 차를 보유하지 않아도 도시를 이용하는 데 불편이 없도록 도시 공간을 재편하는 것을 목표로 한다. 위험하고 불편한 보행 공간으로 인해 단 100m도 걷고 싶지 않은 도시, 대중교통을 이용하면 승용차보다 시간이 두 배 이상 걸리는 도시에서는 누구나 승용차를 욕망할 것이다. 이러한 상황에서는 대중교통을 이용한 출퇴근은 물론 차 없이 어린이를 키우는 것조차 힘들며, 따라서 기회만 된다면 누구나 차량을 보유하려는 수요가 발생한다. 결국 이는 정부가 승용차를 위한 가로망과 교통체계를 강화하려는 현상으로 이어지게 된다. 도시의 개별 건축물 역시 승용차의 주차 공간을 우선적으로 고려하게 될 것이며, 이는 기존의 보행 환경을 더욱 위험하고 불편하게 만들 것이다. 이로 인해 도시는 무미건조하고 황량하게 바뀌고, 어린이와 노약자들이 마음 놓고 걸어다닐 수 없어 부양자들의 노력을 요구하게 되며, 여력이 없어 방치된 이들을 희생시킨다. 이런 도시는 특정 목적을 위해 잠시 방문할 수는 있겠지만, 자발적으로 살고 싶거나 방문하고 싶은 곳이 될 수는 없을 것이다. 마치 사파리처럼 자동차에서 구경만 해야 하는 도시로 누가 여행을 떠나고 싶겠는가?

자동차가 점유하고 있던 도로 공간을 보행자에게 돌려주려는 움직임은 동서양을 막론하고 전 세계적인 흐름이 되고 있다. 아무리 자동차를 위한 공간을 조성해도, 새롭게 발생하는 자동차의 수요는 영원히 감당하기 어렵다는 것을 깨닫기 시작한 것이다. 도시에서 자동차가 달리는 도로 바로 옆은 사람들이 모이는 공간이다. 따라서 고속도로처럼 자동차가 빨리 달리기는 어려우며, 그래서도 안 될 것이다. 무엇보다 자동차는 아무리 빨리 달리더라도 결국 어딘가에 정차하고 주차해야만 한다. 이는 자동차를 위한 공간을 아무리 만들어도 결국 필로티 주택이나 주차 타워를 벗어나기 어렵다는 것을 의미한다. 이러한 유형의 건물들은 결국 도시 공간을 걷기 어렵고 위험하게 만들며, 정체된 자동차의 물결로 우리의 도시를 숨 막히게 할 것이다.

자동차의 물결은 물리적 환경을 위험하고 매력 없게 만드는 것뿐만 아니라, 탄소배출의 주요 원인이 되는 한편, 에너지를 비효율적으로 낭비하게 한다. 이는 지속 가능한 발전을 목표로 하는 UN의 정책적 비전과도 배치되는 상황을 낳게 된다. 자동차 의존도를 높이는 것은 또한 계층 간, 지역 간 불평등을 증가시키기도 한다. 자동차 이용이 편리한 도시를 만들수록 자동차가 없는 계층의 위험과 불편함이 가중되기 때문이다. 특정 지역이 자동차에 편리한 공간으로 조성될수록 자동차를 이용하지 않는 계층의 삶의 질은 더욱 나빠지게 될 것이다. 이러한 상황을 개선하지 않고 방치하는 것은 미래지향적인 도시를 조성하는 데 장애물이 될 뿐이다.

자동차 의존도를 낮추고 걷기 편한 도시를 조성하기 위해서는 기존의 도시 공간을 바꿔서 무엇을 얻고자 하는지 정책목표를 명확히 설정하고, 이에 대한 사회적 논의를 지속적으로 확대할 필요가 있다. 공감대를 만들지 않은 채 5030 정책을 무조건 도입하거나, 도로 다이어트를 일률적으로 시행한다면 오히려 반감을 갖게 되기 때문이다. 더 적은 비용으로 더 편리하게 도시 공간을 이용하고 보다 적은 탄소발자국을 만들며, 더 적은 에너지를 소비하면서도 더 매력적인 도시 공간을 조성하면서 안전하게 가족들과 함께할 수 있는 도시를 만들기 위해서는 걷기 편한 도시의 의미부터 함께 나눠야 한다.

자동차를 운전해서는
변화의 시대를 지날 수 없다

그동안 자동차로 인해 많은 것을 감수해왔지만 앞으로도 감수해야 할 것들이 많다. 무엇보다 온실가스와 관련된 에너지 전환에서 우리의 도시는 과연 자유로울 수 있을까? 전 세계 주요 도시에서 자동차 이용을 억제하고, 보행 중심, 대중교통 중심의 도시 공간을 조성하는 이유는 무엇일까? 탄소세와 탄소 관세의 도입이 예상되는 상황에서 에너지 사용과 온실가스 발생을 줄이는 방식으로 도시 공간을 바꿔나가지 않는다면 지속 가능한 경제는 불가능할 것이다. 외부에서 강요된 준비되지 않은 탄소 저감 방안의 시행은 많은 시민들, 특히 지불 능력에 한계가 있는 계층에게 큰 충격을 줄 것이다. 기존에는 단순히 안전 문제, 지역 활성화 문제로 다뤄지던 일들이 이제는 시민들의 삶의 수준을 즉시 악화시킬 수 있는 보다 심각한 문제로 비화하고 있다. 이제 도시 차원에서 탄소중립성과 지속 가능성을 확보하기 위해 기존의 토지 이용과 교통체계를 획기적으로 바꾸는 전략이 필요하다.

한 가구나 도시정부가 이용할 수 있는 자원은 늘 한계가 있기 마련이다. 비용을 지불하기 위해 시민이나 정부가 존재하는 것은 아니므로, 가족과 함께 안전하고 행복하게 살기 위해서는 적정한 비용, 적정한 에너지, 적정한 기술을 이용할 필요가 있다. 최신 기술을 이용해서 문제를 해결할 수도 있겠지만, 현 상황에서 가장 쉬운 방안은 토지 이용 체계에서 자동차 비중을 급격하게 줄여나가면서 더 적은 에너지와 비용으로 시민들의 이동성을 유지할 가로 환경을 조성하는 것이다. 이는 단순히 교통 수단의 문제만은 아니며, 보행은 물론 자전거 등 대체 교통수단 이용자들을 위한 도로와 공간을 재편하는 과정까지 포함한다. 이러한 변화를 가져오려면 기존 개별 부서 차원의 노력을 넘어서는 정책적 목표설정이 필요한데, 이는 여러 부서의 협력과 함께 기존 도시정책, 교통정책, 에너지정책의 전반적인 전환이 필요하기 때문이다. 이러한 선도적 전환이 어렵다고 생각하기에 앞서 전 세계 수많은 도시들에서 이러한 전환이 어떻게 가능했는지 돌아볼 필요가 있다. 또한 이러한 변화는 선진국 도시들에만 국한된 것이 아니라, 아시아, 아프리카, 남미 등 전 지구적인 현상으로 보아야 한다.

이러한 공감대를 바탕으로 걷기 편한 도시를 만들기 위한 방안을 고민해야 할 것이다. 일단은 차가 없어도 편리한 삶을 영위할 수 있도록 도시의 일상을 살펴보는 것에서 시작해야 한다. 가장 다양한 활동이 일어나고 가장 번잡한 장소에서 자동차를 덜 이용하고도 안전성과 편의

성을 확보하려면 무엇이 필요한지 살펴보는 것이다. 그것은 걸을 수 있는 공간을 확보하거나, 자전거를 탈 수 있는 길을 만들어주거나, 걷다 지칠 때마다 편하게 쉴 수 있는 의자를 설치하는 것일 수도 있다. 또한 이 모든 것을 실현하기 위해 자동차를 위한 공간을 조금씩 줄이는 것도 방법일 것이다. 위험한 교차로나 횡단보도에서 자동차가 난폭하게 지나갈 수 없도록 하는 시설을 설치하고, 멀리 돌아가야만 했던 보행자들을 위해 지름길과 새로운 횡단보도를 만들어 주는 일도 필요하다. 이 모든 일들은 값비싼 첨단 기술이나, 많은 예산이 소요되는 전통적인 토목공사 없이도 금방 가능한 것들이다. 하지만 그 변화의 효과는 모두가 누릴 수 있을 것이다.

스페인과 일본의 보행자 정책 사례

스페인 바르셀로나에서는 2015~2018년까지 공업지역이었던 포블레노우(Poblenou) 지역에서 승용차 이용을 줄이고, 보행과 자전거도로, 대중교통 이용을 장려하기 위한 도로 공간 개선 프로젝트를 진행하였다. 약 20억 원에 불과한 예산으로 43,000㎡에 달하는 면적의 개선 프로젝트를 진행한 것이다. 기존의 주차공간을 축소하고 차선을 줄여서 보도를 확장하였는데, 이렇게 확보한 공간에는 놀이시설·벤치·조경 등을 확보하였고 기존 도로의 약 60%를 보행자들을 위한 공간으로 재구성하였다.

포블레노우 지역(스페인 바르셀로나)

이를 통해 바르셀로나에서는 자동차 교통량을 2년간 21% 감축할 수 있었고, 그만큼 대기오염과 소음공해도 줄어들었다. 이러한 방식은 기존의 슈퍼 블록(Super Block) 방식을 차용한 것으로, 9개의 블록을 정방형으로 선정하고 블록들의 내부도로에는 자동차·스쿠터·화물차·버스의 통행을 금지하고, 거주자와 주변 상인들만 시속 10㎞로 운행을 허용하였다. 이를 통해 감소된 승용차 교통량은 해당지역 1인당 온실가스 배출량의 40%를 감축한 것으로 분석되었다. 이처럼 도심의 일정한 구역을 정해 차량 통행을 억제하는 방안은 도시의 이용행태와 환경을 획기적으로 바꾸는 수단으로 여겨지고 있다.

일본에서는 2020년 총리가 직접 SNS를 통해 '보행자 편의 증진 도로'의 도입을 천명하기도 했다. 이 개념은 자동차 차로를 2차로로 축소하고 나머지 도로 공간을 보도, 휴게공간, 자전거도로 등으로 재편하는 내용으로 구성되어 있으며, 지자체의 신청에 따라 국토교통성과 경찰이 함께 허가를 내주는 형태로 되어 있다. 공모를 통해 20년 동안 공간을 장기 임대하여 도로 공간을 재편할 수 있도록 하고 있으며, 코로나의 확산으로 인한 주변 상점의 어려움을 돕고, 보행자들의 옥외활동 및 자전거 이용편의를 증진시키는 등 다양한 정책적 목표를 달성하기 위해 추진된 정책이다. 이 사례에서 중요한 것은 대규모 토목공사 없이도, 시민이나 도시정부가 원하는 효과를 거두기 위해 도로 공간을 여러 이용자들을 위해 변경할 수 있다는 점이다. 물론 이를 위해서는 무엇이 그 길에 필요한지, 무엇이 더 중요한지에 대한 의사 결정이 효과적으로 이뤄져야 한다.

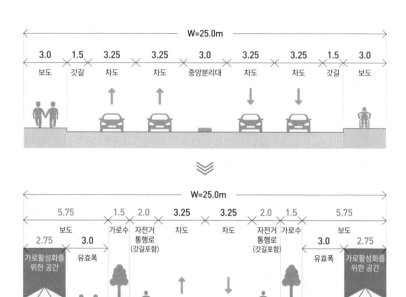

W=25.0m

3.0	1.5	3.25	3.25	3.0	3.25	3.25	1.5	3.0
보도	갓길	차도	차도	중앙분리대	차도	차도	갓길	보도

W=25.0m

5.75		1.5	2.0	3.25	3.25	2.0	1.5	5.75	
보도		가로수	자전거 통행로 (갓길포함)	차도	차도	자전거 통행로 (갓길포함)	가로수	보도	
2.75	3.0							3.0	2.75
가로활성화를 위한 공간	유효폭							유효폭	가로활성화를 위한 공간

보행자 통행로 일부를 가로 활성화를 목적으로 한 공간으로 개선하여 지역활성화를 촉진

2020 일본 보행자 편의증진 정책

가장 차가 막히는 지점부터 승용차의 진입을 억제하는 '차 없는 구역', 온실가스배출 차량을 막는 '저배출 구역', 차도공간을 줄여 보행자와 자전거를 위한 공간을 조성하는 '완전가로' 조성, 이면도로의 보행자 통행을 우선적으로 보호하는 '보행자우선도로' 조성, '시차제 차량통행 제한', '횡단보도 고원화', '중앙안전섬' 설치 등 적은 예산으로 보행친

화도시를 만들 수 있는 정책적 방안은 이미 충분하다. 이러한 방안들을 종합적으로 시행하기 위해서는 도시 차원의 정책 전환 결정만 남아 있다고 해도 과언이 아니다. 조금씩 개별적인 개선방안을 검토하는 동안 10년, 어쩌면 20년이 훌쩍 지나갈 수도 있다. 하지만 그 시점에서는 이미 차분하게 대처할 여력이 없을 것이다. 느긋하게 시간을 보낼 여유가 없다. 지구는 매우 빠르게 변화하고 있으며, 각 국가들도 그 속도에 맞춰서 도시를 바꿔나가고 있다. 우리 모두 자동차를 운전하면서 이 변화의 시대를 무사히 통과할 수는 없다. 우리의 삶과 도시의 미래를 위해 결단이 필요한 시점이다.

Part 02.

작은 디테일이
배려도시를 만든다

1장

보행자를 위한
도시 만들기

가로수,
꼭 있어야 하나?

'가로수' 하면 떠오르는 건 어린 시절 동네 큰길가의 버드나무다. 한 여름이 되면 이 버드나무의 무성해진 가지가 대단했었다. 일제강점기 때 심은 게 분명한데 지금은 흔적도 없이 사라져 버렸다. 북한에서는 가로수를 '거리나무'라 부른다. 나쁘지 않다. 게다가 '거리'는 한자 말이 아닌 순우리말이기도 하다. 조선 시대에는 거리를 알기 위해 길가에 나무를 심었는데, 오리나무는 5리마다, 시무나무는 10리마다 심었다고 한다. 기원으로 따지면 오늘날의 가로수는 고종 2년(1866년) '도로 양 옆에 나무를 심으라'는 왕명으로부터 시작됐다고 한다. 혹은 고종 32년(1895년) 내무행정을 맡아 보는 중앙관청인 내무아문(內務衙門)에서 신작로 좌우에 나무를 심도록 한 공문서가 최초의 가로수에 대한 기록이라고도 한다.

가로수는 우리에게 많은 효용을 준다. 가로수가 만드는 도시의 초록은 산소를 공급하면서 대기오염과 소음을 흡수한다. 한여름에는 열섬현상을 막아주는데, 가로수가 있는 도로는 그렇지 않은 곳에 비해 평균 2.6~6.8℃ 정도 낮다고 한다. 또한 가로수는 삭막한 콘크리트 건물에선 느낄 수 없는 정서적인 안정감을 준다. 가로수가 과거에는 거리를 재는 것이 목적이었다면, 지금은 사람들의 신체적·정서적 안녕을 위해 필요한 것이다. 그러고 보니, 우리가 사는 마을에도 어김없이 가로수가 있다.

아름다운 가로수 정경(스위스 취리히)

아카시아도 있고, 은행나무도 있고, 요즘 인기가 많은 이팝나무도 있다. 수십 년 전으로 거슬러 올라가면 가로수란 것이 지금처럼 많지 않았다. 가로수는커녕 전 국토의 산과 들조차 헐벗어 있었다. 그동안 국토개발과 함께 가로수를 열심히 심었고 엄격하게 관리해 왔다. 지금도 가로수 한 그루를 옮기는 것은 물론, 가지를 치는 것조차 지방자치단체장의 승인이 필요하며, 뽑아버리는 것은 더욱 말도 안 되는 일이다. 다시 말해 가로수는 하나하나 철저하게 관리되는 소중한 도시의 자산인 것이다.

그런데 과유불급이라 했던가. 가로수 때문에 사람이 불편한 경우가 거리에서 자주 눈에 띈다. 서울 성북구의 한 아파트를 둘러싸고 있는 도로를 보자. 2차로의 작은 도로에 주거지역이라 자동차의 속도가 높지 않으며 그 옆 보도 위로 가로수가 심어져 있다. 그런데 전체 보도 폭이 2m인 이 보도는 가로수가 보도 기능을 1.2m나 빼앗아 버렸다. 결국 사람이 다닐 수 있는 폭은 0.8m가 남게 된 것이다. 가로수 지지대 공간을 사용한다 해도 고작 1.1m가 전부다. 여기서 0.8m 혹은 1.1m를 사람이 이용할 수 있는 유효한 공간이라 하여 '유효보도폭'이라 부른다. 보도 폭을 규정하고 있는 관련 규정인 '도로의 구조 시설에 관한 규칙' 제16조 3항에서는 유효보도폭을 2m로 규정하고 있고, 불가피한 경우라도 1.5m 이상을 요구하고 있다.

규정을 떠나 생각해도, 휠체어가 다니려면 적어도 1.0m가 필요한데 0.8m로는 터무니없이 좁다. 게다가 놀라운 것은, 이 가로수들은 보도가 다 만들어지고 한참 후에야 심어졌다는 것이다. 가로수로 인해 법이 정한 유효보도폭 규정에서 벗어나 버린 셈이다.

본래 좁은 보도가 가로수로 인해 더욱 좁아져 버렸다(서울)

왜 이런 일이 생긴 것일까? 아마도 '도시계획관리수립지침'의 '보도계획 및 설치지침'에 기술된 가로수의 설치기준을 따랐기 때문인 것 같다. 이 기준에서는 "폭 15m 이상 도로로서 보도 폭 3m 이상인 도로에는 반드시 가로수를 식재하되, 도로의 여건에 따라 보도가 1.5m 이상이 되는 도로 또는 보도가 없는 도로에서도 식재할 수 있다."라고 정하였다. 즉 보도를 만들 때, 처음에는 '도로의 구조·시설 기준에 관한 규칙'에 따라 유효보도폭을 확보했지만, 이후엔 '도시계획 관리 수립지침'에 따라 가로수를 심은 것이다. 적용 순서를 반대로 했다면 어땠을까? 아마 더 좋은 보행 환경이 만들어졌을 것이다.

주거지역 내 도로에서 가로수로 인해 자주 발생하는 또 다른 문제들이 있다. 바로 가로수가 운전자의 시야를 막는다는 것이다. 학교 앞 도로와 같이 어린 초등학생이 많이 다니는 곳이라면 시야가 좋지 않다는 것은 자칫 치명적인 사고로 이어질 수 있다.

차를 운전하다 보면 가로수에 가려진 주의 표지나 규제 표지를 종종 발견한다. 가로수가 제한속도 표지를 가리고, 주정차금지 표지를 가리며, 진입금지 표지도 가린다. 초행길에서 가로수에 가려진 우회전 이정표를 볼 때는 특히 당황스럽다. '혹시 길을 잘못 들지 않았을까' 하는 불안이 커지는 순간이다. 보이지 않는 정보가 대체 무슨 의미가 있는가?

가로수가 무서운 밤길을 만들기도 한다. 가로등 불빛이 한여름의 무성한 잎으로 차단되고 보도는 암흑이 된다. 가로변의 주차 차량과 가로수가 만나면 이런 현상이 더욱 심해진다. 주택가이다 보니 어두운 밤이 되면 자동차가 자주 다니지 않고 주차된 차량과 가로수로 차단된 어두운 보도는 위험한 공간이 될 수 있다.

누가 뭐라 해도 가로수는 황폐화된 콘크리트 도시에서 사람을 자연에 동화시킨다. 아름다운 도시경관을 만들며, 사람들이 모이는 장소를 제공하고 자기를 오염시켜 사람들의 건강을 지켜주기도 한다. 이러한 순기능을 모두 부정하는 것이 아니다. 좀 더 디테일을 살펴보자는 것이다. 사람이 우선이 되는 가로에서 가로수가 통행을 방해하거나 밤길을 불안하게 만들면 안 되는 것이다. 일본이나 서구 유럽에서 오히려 가로수를 무분별하게 심지 않은 이유도 거기에 있지 않을까 생각한다.

사물이나 현상이 항상 절대적이거나 고유한 가치를 가질 수 없다. 마찬가지로 가로수의 가치도 상황에 따라 달라질 수 있다. 특히 도시는 사람과 자동차, 도로와 건물 등 다양한 요소들이 협력과 조화를 통해 자기들의 역할을 충실히 하고 있다. 도시는 그렇게 작동하는 것이다. 가로수가 정상적인 자기 역할을 할 수 있도록 관심을 기울여야 할 것이다.

가로수 없이도 매력적인 가로(영국 런던과 프랑스 파리)

보도를 낮추면
쾌적함이 보인다

우리나라의 도로를 보면 대체로 보도 턱이 상당히 높다. 물론 젊은 사람들에겐 보도의 높고 낮음이 그리 문제가 안 될 것이다. 하지만 나이 많은 노인이나 어린아이들에겐 불편하고 위험할 수 있다. 일반적으로 도로에서는 횡단보도를 이용해 건너도록 하고 있다. 조금 큰 도로에서는 인명사고를 예방하고자 방호 울타리를 통해 사람들의 횡단을 막고 특정 지점에서만 건너갈 수 있도록 한다. 그러나 주거지역 내 도로에서는 횡단보도가 아닌 다른 곳에서도 수시로 건너는 것이 다반사다. 이때 이런 곳의 보도 높이는 노인과 아이들에게 민감할 수밖에 없다. 하긴 횡단보도라고 딱히 사정이 낫다고 할 수 없다. 길을 건너기 좋도록 최근에는 턱을 1㎝까지 낮추고는 있지만, 그것도 휠체어가 이용할 수 있는 정도의 공간, 횡단보도에서 도로 가까이 약 1.0~1.5m 내에서만 낮춘 곳이 많고, 아예 그런 처리를 하지 않은 곳도 제법 눈에 띄기 때문이다.

　그동안 도시가 자동차의 안전과 편의 위주로 설계되어 온 탓에 보도까지 살펴볼 여력이 없었을 것이다. 서구 유럽이나 일본도 마찬가지였다. 생활의 여유가 생기면서 비로소 보행 약자에 대한 인권과 배려가 시작되었다. 우리나라도 21세기가 되어서야 자동차에서 보행 환경으로 그 관심을 바꿔가고 있다. 2009년 유효보도폭을 1.5m에서 2.0m로 상향 조정한 것이나 '보행 안전 및 편의 증진에 관한 법률' 제정이 대표적인 예라고 할 수 있다.

최근 시공되고 있는 횡단보도의 모습(서울)

보도 턱을 낮춰야 하는 이유

우리나라는 보도 턱을 '도로의 구조 시설 기준에 관한 규칙'에서 정하고 있는데 최대 25㎝로 하고 있다. 보도 정비가 잘 되어 있는 일본은 15㎝, 주마다 다르긴 하지만 미국 뉴욕은 15㎝, 유럽에서는 영국 런던이 12.5㎝에 불과하다. 우리와 비교하면 10㎝ 이상 차이가 난다.

턱이 높은 보도는 걷기에 열악한 도시 환경을 만든다. 우선 25㎝의높은 보도를 노인들이 오르내리는 것은 쉬운 일이 아니다. 항상 뛰어다니는 아이들에게도 위험하다. 유모차를 끄는 부모들은 얼마나 불편할까?

보도 턱이 높을 때 생기는 문제는 또 있다. 보도는 횡단보도와의 접점에서 단차를 1㎝로 줄여야 한다. 그런 이유로 보도 턱이 높으면, 보도 경사가 보통 횡단보도 쪽으로 심하게 기울게 된다. 이런 상황은 특히 휠체어를 탄 사람에게 위험하다.

낮은 보도가 편안한 보행 환경을 제공하고 있다(영국 런던)

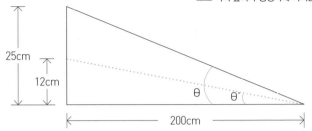

우리나라 장애인 편의시설 설치 매뉴얼(2021년)을 보면, 횡단보도와 만나는 보도는 휠체어가 횡단보도를 안전하게 건널 수 있도록 만나는 지점의 보도와 차도의 경계 차를 1㎝까지 낮추도록 하고 있다. 보도에서 횡단보도 방향으로는 경사가 1/18 이하여야 한다. 이 기준을 만족시키려면 보도 턱이 낮아야 한다.

가령, 어떤 보도가 폭이 2m에 높이가 25㎝라 할 때 횡단 경사는 최대 1/9 정도다. 턱 높이가 25㎝인 보도가 1/18이라는 기준을 만족시키려면 보도 폭은 적어도 4.1m 이상이어야 한다. 반대로 보도 폭 2.0m의 보도가 1/18을 만족시키려면 보도 턱은 11㎝가 되어야 한다.

결국 적정한 횡단 경사를 만들기 위해서는 보도 폭을 충분히 넓히거나 보도 턱을 크게 낮추어야 한다. 보도 폭을 넓히는 데는 한계가 있으니 현실적으로 가능한 것은 보도 턱을 낮추는 것이다.

자동차 중심에서 사람 중심으로

보도는 높아야 한다고 주장하는 사람들이 있다. 그들은 예측할 수 없는 차량의 돌진으로부터 보행자를 보호해야 한다고 한다. 보도가 낮아지면 보도 위로 개구리 주차가 심해져서 안 된다고 한다. 서울시는 2007년 '보도 턱 낮추기 시설 설치 개선 및 운용 지침'을 통해 횡단보도 전체의 턱을 낮추는 것은 차량의 보도 진입을 초래한다는 이유로 횡단보도 중 폭 1.0~1.5m 내에서만 턱 낮춤을 시행토록 한 적이 있다. 이 지침 때문에 턱 낮춤을 한 곳의 보도 폭은 좁아졌고, 경사도 급해져서 휠체어 이용이 오히려 어려워졌다. 다행히 지금은 지침이 변경되어 횡단보도 전체를 턱 낮춤 할 것을 권고하고 있다.

높은 보도 턱이나 횡단보도 일부만을 턱을 낮추려 했던 것은 전형적인 자동차 중심의 사고(思考)가 빚어낸 정책이었다. 높은 보도라 해도 예측 불가능한 돌진 사고로부터 보행자를 지켜낼 수는 없다. 게다가 '안전속도 5030'으로 도로의 차량 속도는 크게 낮아졌다. 보도를 높여야 한다는 이유 중 하나가 사라진 것이다. 보행 안전 및 편의 증진을 위한 많은 노력 중 하나로 고원식 횡단보도를 적용하는 사례가 많다. 보도 전체의 턱을 낮추는 것이 현실적으로 어렵기 때문에 임기응변으로 횡단보도 지점만 차도를 높여 보행의 편안함과 안정감을 주려는 것이다. 고원식 횡단보도를 도입하는 것은 보도 턱이 높으면 걷기가 불편하다는 것을 알고 있기 때문이다. 반대로 보도 턱이 낮으면 걷기에 편안하고 안정감을 느낄 수 있다는 것 역시 인지하고 있을 것이다.

보도와 차도의 높이 차이가 거의 없다(스위스 취리히)

보도와 차도의 높이 차이가 거의 없고 볼라드로 차량의 보도 위 주정차를 방지하고 있다(일본 기타큐슈)

공개공지,
과연 누구를 위한 공간인가?

공지는 한자로 '空地'라고 쓰며, 영어로는 'Open Space'를 뜻한다. 건축법상으로는 '대지 안의 공지'로서, 새로운 건물이 들어서거나 기존 건물의 용도를 변경할 경우, 외부 공간 조성이나 보행 환경 개선을 위해 건축주가 내놓는 일정 면적 이상의 공간을 말한다. 이러한 공지는 공개공지, 공공조경, 전면공지로 나뉜다.

공개공지는 건축법 시행령 제27조 2항에서 명시하고 있는데, 연면적의 합계가 5,000㎡ 이상인 건축물을 세우려 할 때 시민이 사용할 수 있도록 휴식 시설로 조성한 공간을 말한다. 공개공지는 대지면적의 10% 이내에서 결정되는데, 공개공지를 내놓는 대신 건물주는 높이 제한이나 용적률에 대한 인센티브를 받게 된다.

공공조경은 건축물 앞 도로와 해당 건축물 사이에 확보된 공간으로서, 가로 미관의 증진, 쾌적한 보행 환경, 소음 억제, 생태적 건강성 확보 등을 위해 지구단위계획에서 지정된 공지를 의미한다.

전면공지는 공공조경과 같이 건축물 앞 도로와 해당 건축물 사이에 확보된 공간으로 보도 확보나 차도 확보를 위해 조성된 공간이다. 전면공지는 보도연접형 전면공지와 차도연접형 전면공지로 구분해 지정한다. 전자는 보도 또는 보행자 전용도로와 접한 전면공지로서 보도의 기능을 담당할 수 있도록 조성한 공간이며, 후자는 보도가 없는 도로와 접한 공지로 차량 또는 보행자를 위해 조성한 공간이다.

대전의 테크노밸리(관평동)는 계획도시에 맞게 도로가 잘 정비되어 있고 주변으로 많은 아파트와 큰 상업지역이 들어선 곳이다. 이곳에는 유독 눈에 거슬리는 것이 있는데, 바로 공지 위에 주차한 자동차들이다. 그 공간들은 사실 보행자를 위한 공간임에도 자동차들이 점령하고 있다. 공지는 사적 재산에서 탄생하지만, 그 이용 권리는 공공에 있다. 따라서 대전 테크노밸리의 공지 내 차량 주차는 분명 잘못된 것이다.

공공을 위한 공간을 사적인 목적으로 전용(轉用)했으니 이는 명백히 위법이다. 그런데 이런 사례는 너무나 흔하다. 분당에는 서울 청담동 같은 고급스러운 테라스 거리가 있다. 아름다운 유럽풍 카페와 이탈리안 레스토랑이 마치 외국에 와 있는 듯 착각에 빠지게 한다. 그러나 이들 테라스 대부분은 전면공지 위에 테이블과 난간을 설치하여 만든 것이다.

공지의 사적 전용은 애초 취지를 벗어나 보행 환경을 저해하는 요인이 된다. 가장 흔한 사적 전용 사례인 공지 위 차량 주차 역시 차량의 보도 침입으로 인해 보도를 망가뜨리고, 건축물과 보행자를 단절시킨다. 그렇지만 이런 위법 행위에 행정력이 미치지 못하는 것 같다. 차량에 어떤 경고장도 붙어있지 않으니 말이다.

결국 우리 주변의 공지는 공공을 위한 공간이 아닌 개인 건물주의 사적인 공간으로 전락해버린 듯하다. 건물주가 공지 위에 영업을 위한 테라스를 설치하고 테이블을 놓거나, 자기 사업장의 전시물을 설치하거나, 주차장을 만들기 위해 공지와 보도 사이에 높은 턱을 두어도 대부분의 사람들은 이런 사실을 모른다. 심지어 자기 건물 앞이니 당연한 것으로 생각해 왔다.

이 모두는 공지를 사유지처럼 착각하게 만드는 위법 행위들이다. 한 보고서[*]에 기록된 수도권 251개 필지에 대한 조사 결과를 보면 전체의 69%에서 공지와 보도 간의 단차가 15㎝ 이상으로 나타났으며, 45㎝ 이상인 곳도 27%에 달했다. 다시 말해 보도와 단차를 두어 건물주가 사유지로 사용하고 있다는 얘기다. 게다가 공지 위에 주차선을 그려 주차장으로 쓰는 예는 너무 많아서 조사에서 제외할 정도였다고 한다.

---

[*] 김세용, 양동양, 도시 공공공간의 쾌적성 방해요인의 분석에 관한 연구, 도시설계 구역 내 공개공지를 대상으로, 대한건축학회논문집, 제13권 2호, 1997.2

전면공지 위에 설치된 테라스 공간(경기도)

전면공지와 보도 사이에 단차를 두어 건물 공간으로 사용하면서 시민의 보행 환경을 저해하고 있다(서울)

공지는 법이 정한 공적 공간이다. 다시 말해 시민의 공간이다. 같은 연구에 따르면 테헤란로 일대의 150여 개 건물의 공개공지 면적은 10,272㎡에 이르는데, 이 땅을 공지로 내놓은 건물주는 대신 지자체로부터 용적률 1.2배, 높이 1.2배의 인센티브를 받았다. 이로 인해 얻은 경제적 이익은 각각 10억 원에서 50억 원에 이른다고 한다. 따라서 공지를 사적 용도로 사용하고 있다면 이들은 이중으로 불법 이익을 얻고 있는 셈이다.

따라서 공지로부터 사적 시설들을 완전하게 제거해야 한다. 그 공간들은 불법적으로 점유된 것이며, 건물주의 탐욕을 채우기 위한 공간이 아니라 원래 시민들의 공간이기 때문이다. 도시계획 전문가들은 도심 활성화를 위해 공지 활용을 고민하고 있다. 그러나 그런 고민 이전에 공지를 시민들에게 제대로 돌려줘야 한다. 보도와의 단차를 없애고, 공지 내 사유 시설과 자동차를 치워야 한다. 우리가 제일 먼저 해야 할 일은 공지를 말 그대로 '텅 빈 상태'로 만드는 것이다.

불법 주차가
도시 문제를 키운다

우리나라 어느 도시를 가도 쉽게 볼 수 있는 것이 불법 주차다. 큰 도로, 작은 도로, 보도 위 어디라도 조금만 공간이 있으면 어김없이 주차장이 된다. 우리나라에서 불법 주차의 위세는 정말 대단하다. 사람들이 걷고자 해도 보도 위로 올라온 자동차, 길을 막고 있는 자동차에 금세 막혀버리고 만다. 아이들과 노인들, 그리고 장애인들에게 이런 보도와 도로는 위험천만한 장소가 된다. 만약 아이들이 불법 주차된 자동차 사이를 비집고 튀어나오기라도 한다면 어떻게 되겠는가?

2019년 9월 충남 아산의 어린이보호구역 내 횡단보도 교통사고는 민식이법의 계기가 되었다. 이 사고는 반대편 차로의 불법 주차 차량으로 인해 어린이를 인지하지 못한 운전자가 횡단보도 앞에서 일시 정지를 하지 않아 발생한 사고다. 많은 어린이 교통사고 중 아이를 인지했거나 운전자가 일시 정지를 했다면 예방이 가능한 경우가 많았다. 아이들은 키가 작을 뿐만 아니라 횡단보도에서 걷기보다는 달리는 경우가 많다. 이런 어린이의 행동 특성을 고려할 때 안전한 가로 조성을 위해서는 운전자의 시야가 완전히 개방된 물리적 환경이 필요하다. 따라서 운전자의 시야를 방해하는 불법 주정차는 심각한 도시 문제라고 할 수 있다.

도로에 세워진 단 한 대의 차량일지라도 그로 인해 점유된 차로에는 병목이 발생하며 자동차 통과 용량을 고스란히 빼앗아간다. 그런 상황에서는 차로가 제 기능을 수행할 수 없게 된다. 도로에 주차된 차량 한 대 때문에 정체가 발생하면 내 시간을 도둑맞는 것 같아 화가 나기도 한다. 또 주택가의 불법 주차 차량은 위급 시 긴급차량의 진입을 어렵게 한다. 소방차가 진입하지 못해 화재 진압에 애를 먹었다는 뉴스를 종종 보게 된다. 이로 인한 사회적 비용을 어떻게 계산할 수 있을까? 하지만 아무도 개의치 않는다. 불법 주차를 당연하게 여기는 분위기가 만연해 있고, 주차단속에 걸리면 재수 없는 날로 치부하고 만다.

우리나라의 모든 교통문제는 불법 주차에서 시작된다고 해도 과언이 아니다. 특히 쾌적한 주거환경, 보행권이 우선되어야 할 주거지역의 가로 환경은 매우 심각한 지경이다. 보도 위는 물론이요, 단속이 없는 날에는 보행자 전용도로에서도 불법 주차를 볼 수 있을 정도다.

일본을 방문해 보면 가로 환경이 우리와는 사뭇 다르다는 것을 확연히 느낄 수 있다. 이는 아름다운 건축물이나 자연환경 때문이 아니라, 도로에 주차된 자동차들이 없기 때문이다. 일본은 우리나라보다 자동차가 적지 않다. 인구 1,000명 기준으로 우리나라가 355대인데 비해 일본은 532대나 되니 말이다. 그렇지만 일본은 집이 작아도 안에 주차장을 두고 있고, 가까운 거리에서 반드시 값싸고 편리한 공영·민영 주차장을 쉽게 찾을 수 있다. 자동차는 모두 이 주차장들이 흡수해버리기 때문에 거리에는 늘 여유가 있다. 이 한적한 거리를 보면 우리나라의 교통문제는 모두 불법 주차에서 시작된다는 확신을 갖지 않을 수 없다.

불법 주차는 큰 교통사고의 원인이 되기도 한다. 전체 교통사고에서 불법 주차된 차량과의 추돌사고는 무려 8.8%로, 1년 평균 14,000건, 하루 평균 40여 건에 이른다. 게다가 사고가 간선도로에서 발생하고 주차된 차량 안에 사람이 타고 있을 경우 치사율은 15.9%로 차량 간 사고의 치사율 2.9%나 차와 사람 간 사고의 치사율 4.8%에 비해 훨씬 높은 것으로 알려져 있다. 불법 주차로 인한 보행자 사고는 더욱 심각하다. 불법 주차는 사람을 도로 가운데로 내몰고, 보도에서 차도로 쫓아낸다. 불법 주차는 자동차가 보행자에 가하는 이기적인 폭력인 것이다.

일본 주거지역에서는 민영 주차장을 흔히 볼 수 있다(일본 키타큐슈)

주택지 불법 주차로 인해 보행자들이 차로 중앙으로 내몰리고 있다(서울)

주차장이 턱없이 부족하다

우리나라는 불법 주차가 왜 그리 많은 건가? 차량이 많아서인가? 주차장이 부족해서인가? 아니면 주차비가 아깝거나 주차장이 멀기 때문인가? 정확히는 주차장의 수급이 맞지 않기 때문일 것이다. 서울시만 해도 2021년 기준 자동차 등록 대수는 318만 대이고, 주차 공간은 435만 면이었다. 주차장 확보율이 평균으로는 137%에 이르지만, 과거에 지어진 아파트나 다가구 밀집 지역에서는 주차장 확보율이 60% 이하인 곳도 많다. 양천구 신정지구는 서울시에서도 주차환경이 열악하기로 유명한 곳 중 하나인데, 이곳의 실제 주차장 확보율은 10%도 안 된다. 반대로 최근에 지어지는 주택, 특히 아파트의 경우는 가구당 2대 정도의 주차면을 제공하고 있다. 결국 서울시 자동차의 60%를 집이 아닌 근처 도로에 불법적으로 주차하게 하는 현실은 주차장 수급의 불균형이 가져온 결과다.

그렇다면 왜 이런 현상이 발생한 것일까? 여기에도 나름대로 사정이 있다. 1980년대 이후 급격한 경제발전과 함께 지가(地價)도 빠르게 상승하였다. 그러다 보니 땅 위에 건물이 아닌 주차장을 만드는 일은 전혀 합리적인 일이 아니었다. 그 와중에 정부는 1990년대 초 주택 부족을 메우기 위해 200만 호의 주택을 목표로 수도권에 5개 신도시를 건설하는 한편, 다세대·다가구 주택 건설을 장려하는 정책을 폈다. 이때 대부분의 단독주택을 반지하까지 만들어 버리는 바람에 자동차 주차를 도저히 수용할 수 없는 도시가 된 것이다. 이것은 당시 아파트도 마찬가지였다. 게다가 '주거환경개선지구' 사업은 건축물 간 거리, 일조권, 그리고 주차장 설치기준의 완화 등으로 주차 공간이 부족한 주택 양산에 기여해 왔다.

주차 문제의 해결책 거주자우선주차제 & 차고지증명제

정부는 이 문제를 일찍부터 심각하게 인지하고 있었던 것 같다. 별다른 성과는 내지 못했지만 차고지증명제를 도입하려 했고, 거주자우선주차제를 도입해 운영하고 있기 때문이다. 차고지증명제는 시행 여건을 제대로 갖추지 못했기에 몇 번의 시도가 모두 실패로 끝났다. '거주자우선주차제'는 대도시 전역으로 확산되는 성공을 보였지만, 이 성공으로 인해 주택가에서 밀려난 자동차들이 대신 간선도로로 내몰리는 형국이 되고 말았다. 이 두 정책에 대해 좀 더 자세히 살펴보자.

거주자우선주차제는 주택가 이면도로에 주차구획선을 설치하여 거주자에게 유료로 주차 공간을 배정하고 주차우선권을 부여하는 제도이다. 이 제도는 주차 면을 합법적으로 늘려 차고지 공급을 증대시키는 한편, 허가된 주차구획 이외의 주차를 금지시켜 쾌적한 주거환경 도모하기 위해 도입되었다. 런던, 파리, 암스테르담, 샌프란시스코 등 주차 문제가 심각한 도시에서 오래전부터 시행하고 있으며, 우리나라에는 1997년 처음 도입되어 현재 많은 지역에서 쉽게 찾아볼 수 있다.

주택 안에 마련된 공간에 자동차들이 주차되어 있어 거리에 안전하고 편안한 보행 환경이 조성되어 있다
(일본 교토)

　차고지증명제는 새로 자동차를 등록하거나 변경 이전 등록을 할 경우 차고를 확보하도록 하는 제도로, 우리나라에서도 1989년부터 네 차례나 도입을 시도했었다. 그러나 매번 자동차 업계의 반발과 반대 여론 등에 부딪혀 모두 실패하고 말았다. 차고지증명제를 가장 성공적으로 정착시킨 국가는 일본이다. 일본은 1962년부터 '자동차 보관장소 확보 등에 관한 법률'에 근거하여 차고지증명제를 시행하고 있다. 그리고 이 법을 통해 주택가 주차 문제를 효과적으로 해결했다. 이 법은 자동차 주차장을 차주의 거주지로부터 2㎞ 이내에 확보해야 자동차 등록이 가능하도록 하고 있다. 이 차고 증명제 실시로 일본의 차고지 확보율은 1962년 40%에서 시작하여 현재는 80%에 이르고 있다.

　그렇다면 우리나라는 차고지증명제 시행이 불가능한 것일까? 주차 문제의 대부분이 오래전 지어졌던 아파트나 다가구 밀집 지역임을 고려할 때 차고지증명제는 여전히 주민들의 지지를 받기 어려울 것이다. 차고지증명제를 성공적으로 시행하기 위해서는 우선 일본과 같이 충분한 주차장이 필요하다. '내 집 주차장 갖기' 사업에 정부의 더 많은 지원이 필요하며, 동시에 공영주차장과 민영주차장도 더욱 활성화시킬 필요가 있다. 그리고 이들 주차장은 접근하기 좋은 곳에 있어야 한다.

분당에 위치한 노외주차장 몇 군데를 조사한 적이 있다. 그런데 이들 주차장은 이름만 주차장이지, 자동차 수리 센터, 가게와 식당, 타이어 판매장으로 사용되고 있었다. 즉, 입점 시설을 위한 주차장으로 사용되고 있다는 뜻이다. 그뿐만이 아니다. 그들 주차장 주변으로 불법주차 차량들이 가득했다. 주차장이 그 역할을 제대로 수행하지 못하고 있는 것이다. 이제 무늬만 주차장이 아닌 실제 주차수요를 흡수할 수 있는 주차장을 고민해야 할 것이다.

유료주차장이 옆에 있어도 주변은 불법 주차 차량으로 가득하다(경기도)

일본 도로에서 발견한
배려와 디테일

　교통안전과 관련해서 일본은 배워야 할 것이 많은 나라이다. 도로교통공단이 제공한 2019년도 OECD 국가의 교통사고 자료를 보면 일본의 자동차 1만 대당 사망자(0.4명)는 아이슬란드(0.2명), 노르웨이(0.3명), 스웨덴(0.3명), 스위스(0.3명) 다음으로 5위에 이른다.

　반면 우리나라(1.2명)는 여전히 하위권에 머물고 있다. 일본의 우수한 교통안전 환경은 어떻게 가능했던 걸까? 폭 2m의 조그만 건널목에 설치된 교통신호마저 지키는 국민성도 이유가 되겠지만, 일본을 방문했을 당시 생활 가로에서 보았던 세심하고 배려 깊은 각종 안전표지와 안전시설이 그 이유가 아닐까 생각한다. 여기에 그중 몇 가지를 소개한다.

• 어디서든 볼 수 있는 정지선

우리는 신호를 지킨다. 그것은 신호라는 기호가 주는 의미와 중요성을 알기 때문이다. 일본 생활 가로에서는 정지선을 흔히 볼 수 있으며, 그 정지선 앞에는 'とまれ(토마레)'라고 적힌 노면 표시가 있다. とまる(토마루)라는 동사에서 파생된 것으로 '멈춤'의 뜻을 담고 있다. 따라서 정지선과 토마레를 합치면 이런 의미가 된다.

"여기서 멈추세요."

질리다 싶을 정도로 노면 표시가 많은 일본에서 이보다 더 자주 마주치는 것은 없다.

우리나라는 어떤가? '도로교통법 시행규칙' 별표 6은 일시 정지 노면 표시에 대한 기준을 제시하고 있으며, 여기에는 "교차로, 횡단보도, 철길 건널목 등 차가 일시 정지해야 할 장소의 2m 내지 3m 지점에 설치한다."라고 규정하고 있다.

일본에서는 とまれ(멈추세요) 노면 표시를 흔히 볼 수 있다(일본 교토)

또한 도로교통법 제2조(정의) 30호에는 "일시 정지란 차의 운전자가 그 차의 바퀴를 일시적으로 완전히 정지시키는 것을 말한다."라고 명시하고 있다. 형태와 의미에서 정확히 일본의 그것과 같다. 정지선이 있으며, 그와 함께 '정지'라는 문구를 넣고 있다.

그러나 실상 우리나라 생활 가로에서는 이 표시를 보기란 쉽지 않다. 정지선만 있거나 아니면 정지선과 진행 화살표가 한 조로 되어 있는 표시가 대부분이다. '정지'란 단어 대신에 진행 표시의 '화살표'가 대신하고 있는 것이다. 정지선과 진행 화살표는 각각 '서라'와 '가라'의 의미를 품고 있기에 사실상 모순이다. 원래 이 표지는 도로에서 해당 차로가 좌회전인지, 직진인지, 우회전인지를 알려주는 방향 안내 노면 표시이다. 그러니 2차로의 작은 도로에서는 필요 없는 표지인 것이다. 이제부터라도 잘못되고 불필요한 표지를 걷어치우고 도로에 '일시 정지 표시'를 보다 적극적으로 도입해야 할 것이다.

● 골목길 안전을 지키는 교차점 표시

도로에서 볼 수 있는 노면 표시는 모두 운전자와 보행자의 안전과 직결되는 '정보'를 담고 있다. 이 정보를 통해 우리는 주변 상황을 정확히 인지하고 판단하며, 예측할 수 있게 된다. 도로교통공단의 과거 교통사고 요인분석에 의하면 보행자 사고의 68.7%는 9m 이하의 도로에서 발생하였고, 71.5%는 자동차 제한속도가 40㎞ 이하인 곳에서 발생하였다. 이것은 보행자 사고가 주택가 주변에서 많이 발생하고 있음을 의미한다. 한편 전체 보행자 사고에서 교차로 등 횡단 중 발생하는 사고가 전체의 47.6%이고, 치사율은 54%에 이른다. 우리나라에서 참으로 위험한 곳이 동네의 작은 교차로인 것이다.

일본에도 많은 동네가 있고, 그 안에는 작은 교차로들이 있다. 우리와 크게 다르지 않다. 대개 보도가 없거나 4차로 미만의 작은 도로들이다. 보행자가 많고, 자전거도 쉽게 볼 수 있다. 이제 어떻게 일본이 세계 최고 수준의 골목길 교통안전 국가가 되었는지 살펴보자. 이유는 일본의 디테일에서 찾을 수 있다. 아래 사진은 동경의 하타노다이(旗の台)라는 마을의 노면 표시이다. 이 '교차점' 표시는 일본에서 흔히 볼 수 있는 표시이다. 심플하지만 교통정책의 디테일을 엿볼 수 있는 최고의 표시라고 생각한다. 동네를 지나는 자동차가 이 표시를 통해 어떤 정보를 얻으며, 어떤 행동을 할 것인지 쉽게 예측할 수 있다. 그리고 이 교차점 표시가 교통안전에 얼마나 기여했을지 충분히 짐작이 간다. 늦은 감이 없지 않지만 다행히도 이 노면 표시는 최근 우리나라에서도 종종 볼 수 있게 되었다.

일본 골목길에서 흔히 볼 수 있는 교차점 표시(일본 도쿄)

• 자전거 일시 정지 표시와 안전시설

　일본의 노면 표시는 골목길 도로에서 그 최고의 디테일을 보여준다. 자전거 안전을 위한 자전거 양보 표시가 그것이다. 알려진 것처럼 일본에는 자전거를 타는 사람들이 많다. 레저용으로 공원에서 주로 타는 우리와 달리 일본은 생활 자전거이기에 거의 모든 계층에서 자전거를 교통수단으로 이용한다. 그러다 보니 자전거 안전을 위한 시설에도 각별한 신경을 쓰고 있다. 특히 인상적인 것은 자전거에 대한 일시 정지 표시다.

　자전거 안전상 좀 더 위험한 곳에는 아래와 같은 시설들을 함께 두곤 한다. 이 시설은 좁은 도로에서 자동차가 다니는 도로로 나오는 지점에 주로 설치되는데, 사람이나 자전거가 갑작스럽게 도로로 튀어나오는 것을 막아준다. 특히 어린 학생들의 경우 대개 주의가 산만하고 놀이에만 집중하는 일이 많아 좁은 길에서 갑자기 튀어나오는 경우가 많다. 이런 시설들은 엄마의 마음을 좀 더 편안하게 해줄 것이다.

자전거 일시 정지 노면 표시와 함께 자전거의 진행을 일시 방해하는 시설을 두어 안전을 도모하고 있다
(일본 도쿄)

• 자전거가 오르내릴 수 있는 보도 연석

자전거는 도로교통법에 '차'로 규정되어 있다. 그러나 물성과 속도가 자동차와 비교가 되지 않으니 안전을 위해 보도 통행이 불가피한 것도 사실이다. 자전거·보행자 겸용도로가 존재하는 이유다. 보도는 원칙적으로 보행자의 것이며, 자전거는 사람을 피해서 다녀야 한다. 그런데 자전거는 차(車)라고 하기엔 너무 연약하기에 자동차조차 반기지 않는다. 그렇게 보행자에 쫓기고, 자동차에 쫓겨 결국 보도와 차도를 넘나들게 된다. 이런 자전거의 모순과 현실을 알고 만든 것인지 모르겠지만, 도쿄 하타노다이(旗の台)에서 본 보도는 참으로 흥미로웠다. 보도의 연석을 자전거가 안전하게 오르내릴 수 있도록 비스듬하게 쳐냈기 때문이다. 일방통행로에 차량 통행이 적은 생활 가로라면 충분히 고려해 볼 만한 연석 처리 방법이라고 생각한다.

자전거를 위한 보도 연석 처리(일본 도쿄)

• 보행자의 권리와 자전거의 의무를 알리다

보도를 자전거와 겸용으로 쓰는 경우에는 보행자 안전과 편의를 위해 필요한 표지가 있다. 자전거로 하여금 보행자를 보호하도록 하는 표지다. 이 표지가 필요한 이유는 보행자가 보도의 원래 주인이며, 자전거에 대해 교통약자이기 때문이다. 다시 말해 보도에서는 보행자가 자전거에 우선해야 하며, 보호받아야 한다는 의미다. 아래 사진은 일본의 자전거·보행자 겸용도로에 설치된 표지로서 보행자가 자전거에 우선하며 보호해야 함을 명시하고 있다. 보도를 달리는 자전거가 늘 신경 쓰였던 보행자에게 권리를, 자전거에게 의무를 알리고 있는 것이다.

자전거에 대한 보행자 우선권을 명시한 노면 표시이다(일본 후쿠오카)

• 가로수 공간을 보행 공간으로

　일본 도쿄에서 보았던 감동은 지금도 잊혀지지 않는다. 보도를 이처럼 효율적으로 이용하는 방법을 왜 생각하지 못했을까? 우리는 보도 폭이 좁다고만 했지 그걸 합리적·효율적으로 확장할 생각은 하지 못했다. 아래 사진은 가로수 지지대 부분을 보도로 활용한 사례로, 디테일의 중요성을 깨닫게 한 풍경이다. 보도의 재질과 형태를 동일하게 만들어 보도의 유효보도폭을 늘린 것이다. 우리나라의 많은 구도심 중에는 가로수가 크고 보도가 좁은 곳이 많다. 그곳에 이런 기법을 적용한다면 보행 환경 개선에 큰 도움이 될 것이다.

가로수 지지대가 있는 곳을 보도와 동일한 재질로 처리하여 보도를 넓게 활용하고 있다(일본 도쿄)

누구나 행복을
추구할 권리가 있다

어느 사회든 장애인은 전체 인구의 상당수를 차지한다. 한국장애인고용공단에 의하면 우리나라 국민 100명 가운데 5명은 장애인이다. 따라서 확률적으로 길에서 마주치는 100명 중 5명은 장애인이어야 한다. 만약 그렇지 않다면, 그들은 부당한 제도와 위험하고 불편한 시설, 접근이 어려운 교통, 그리고 무엇보다 그들을 열등한 존재로 여기는 비장애인의 시선을 피해 숨어 있기 때문일 것이다. 나는 매일 밖으로 외출을 하지만 마주치는 사람 중에 장애인을 본 기억이 그리 많지 않다. 우리 동네에 한 번도 사용된 적 없는 듯 먼지가 쌓여있는 장애인용 음향 신호기가 그것을 증명한다.

주요 선진국들이 우리와 크게 다른 점은 '거리에서 장애인을 쉽게 마주친다'는 것이다. 그만큼 장애인들을 위한 제도와 시설, 시선의 장벽이 낮다는 얘기다. 미국의 경우만 해도 강력한 장애인보호법(ADA, Americans with Disabilities Act)이 있어서 기업들은 장애를 이유로 취업에 불이익을 줄 수 없고, 대중교통·공공건물·상업시설·놀이시설에서 장애인의 접근을 보장해야 하며, 휴대전화와 같은 통신기기 사용에 있어서도 충분히 조치할 의무가 있다.

이에 반해 우리 사회는 오래전부터 장애인을 분리하고 격리해 왔으며, 불공정하게 대우해 왔던 것 같다. 이들에 대한 차별은 고용, 주거, 공공 편의시설, 통신, 의료서비스, 교통 및 정책 참여 등 모든 영역에 걸쳐 있고, 사회적·경제적 존재로서 늘 불이익을 받아왔다. 한국보건사회연구원에 의하면 장애인의 월평균 가구소득은 일반 가구의 54%에 지나지 않는다고 한다. 또 과학기술정보통신부의 정보격차 조사에서도 디지털 정보화 활용 수준이 2019년 기준 67.8%에 불과했다. 과거 10년 전과 크게 다르지 않은 수치다. 고용률에 있어서는 더 심각하다. 통계청의 2020년 조사 결과에 따르면 장애인 고용률은 34.9%에 불과한데, 이 또한 지난 10년간 전혀 나아지지 않았다.

우리는 장애인에 대한 배려가 필요한 시대에 살고 있다. 자동차와 같은 위협요인이 많은 세상에서 누구든 장애인이 될 수 있으며, 특히 고령사회로 바뀌면서 노인으로서 오랜 시간을 보내는 것은 장애인이 될 확률을 더욱 높이고 있다. 건강했던 사람이 갑자기 걷지 못하거나 앞을 보지 못한다고 해서 평생을 불공정한 차별과 편견 속에서 지내야 할까? 약자를 배려하는 것은, 우리가 어떤 모습으로 존재하든 공정한 대접을 받아야 한다는 의미에서 강조되어야 한다. 대한민국 헌법 10조에서는 "모든 국민은 인간으로서의 존엄과 가치를 가지며, 행복을 추구할 권리를 가진다. 국가는 개인이 가지는 불가침의 기본적 인권을 확인하고 이를 보장할 의무를 진다."라고 명시하고 있다. 장애인은 열등한 사람이 아니다. 단지 신체적 제약으로 마땅히 누려야 할 권리를 놓친 사람들일 뿐이다. 따라서 사회는 이들이 평등할 권리, 행복할 권리를 되찾아줄 제도와 시설을 만들고, 비장애인들의 의식을 변화시켜야 한다.

다시 말하지만, 눈부시게 발전한 의료 기술과 그로 인한 장수(長壽) 덕분에 우리 역시 장애인이 될 확률이 과거에 비해 훨씬 높아졌다. 눈이 침침하고 계단을 오르내리는 것이 힘들며, 멀리 외출하기가 어려운 우리 부모님들도 포괄적 의미의 장애를 갖고 있는 셈이다. 즉, 병이나 별다른 사고가 없더라도 시간이 흘러 오래 살게 되면 자연스럽게 장애인이 된다. 우리가 그들을 위한 가로 환경을 만들어야 할 이유이기도 하다. 우리나라 거리에서 장애인이 쉽게 눈에 띄고, 그들이 안전하고 편하게 거닐 수 있는, 대한민국 헌법 10조가 완성되는 날을 기대해본다.

교통약자를
가장 먼저 배려해야 한다

시각장애인을 배려하는
점자블록의 디테일

지금까지 우리나라의 교통정책은 자동차의 이동 효율에 집중하여 주로 도로와 같은 기반시설 확충에 전력을 기울여 왔고, 그 결과 어느 정도 성과도 거두었다. 그러나 이러한 발전 과정 속에서 소외되었던 장애인에 대한 배려가 지속 가능한 사회를 위해 필요하다는 인식을 갖게 되었고, 드디어 '복지'를 새로운 국가 어젠다(Agenda)로 채택하기에 이르렀다.

우리 사회에는 많은 장애인들이 있지만 유독 시각장애인에 대한 배려가 많이 부족했다. 특히 도시에서 경제적 활동이나 여가 활동을 수행하기에는 가로 환경이 충분히 뒷받침해주지 못하고 있다. 그간 시각장애인을 위한 다양한 정책이 개발되어 왔음에도 선진 사회에 비해 가로 환경은 턱없이 부족하다. 시각장애인의 이동 편의를 위한 정책을 흉내 내기는 쉽지만 결국 사회적 배려 없이는 원하는 성과를 얻을 수 없기 때문이다. 일반인을 위한 도로·교통 시설만 하더라도 사회적 배려와 시설에 대한 관심이 없으면 정상적인 작동을 기대하기 어렵다. 하물며 시각장애인을 위한 시설이야 오죽하겠는가.

시각장애인을 위한 도로 시설 중 배려나 디테일이 부족한 사례가 많다. 가장 흔히 볼 수 있는 것 중 하나는 점자블록이 보도 장애물과 만나는 경우다. 점자블록은 도시 시설에서 가로수나 맨홀 뚜껑보다도 순위가 밀리고 있다. 시각장애인이 가로수를 피하고 맨홀 뚜껑을 피해가야 하는 것이 상식적으로 맞는 것일까? 서울 성북구의 한 점자블록은 가로수를 피해 지그재그로 설치되어 있다. 왜 이런 점자블록이 생겨났는지 모르겠지만 시각장애인이 이 길을 내려오는 모습을 상상해보라. 시각장애인을 전혀 배려하지 않은 점자블록을 보여준다. 서울 월곡로의 점자블록은 더욱 가관이다. 시각장애인을 횡단보도로 안내하는 점자블록의 수준이 저 정도다.

왼쪽부터   맨홀로 인해 점자블록이 꺾여 설치되었다(경기도)
점자블록이 가로수를 피해 지그재그 형태로 설치되어 있다(서울)
보도 내 점자블록을 따라 이동하는 시각장애인의 모습을 생각해보라(서울)

시각장애인에 대한 오해들

　지금까지 보았던 것들이 사실 새삼스럽지는 않다. 왜냐하면 장애인에 대한 우리의 인식 수준과 크게 다르지 않기 때문이다. 우리의 의식 수준을 높이려면 어떻게 해야 할까? 그들에 대한 깊이 있는 이해와 배려가 문제 해결의 열쇠가 될 것이다. 즉, 잘못된 점자블록을 바로잡기 위해서는 시각장애인에 대한 바른 이해로부터 시작되어야 한다.

　시각장애인은 시력을 완전히 잃고 깜깜한 세계에서 생활하고 있다고 생각하는 사람들이 많으나 사실 그런 사람은 소수에 불과하다. 시각장애인의 상당수는 명암을 구분할 수 있는 광각이 있거나 희미하게나마 색깔을 구분할 수 있다. 또는 여러 가지 잔존 시각기능을 이용하여 그것을 일상생활에 유용하게 활용하기도 한다. 시각장애를 시력장애와 혼동하는 경우도 많다. 먼 곳이나 작은 물건이 보이지 않는 시력장애를 곧 시각장애로 착각하는 사람이 있으나 시력장애는 시각장애의 일부에 불과하다. 의학적으로 시각장애에는 시력, 시야, 광각, 색각, 굴절, 조절, 양안시 등 모든 시각 분야의 이상 현상이 포함된다. 그러나 법적으로는 시력과 시야의 이상만을 장애로 정하고 있다.

　일반적으로 시각장애인은 의도적인 곡선 보행이 불가능하며, 보도의 연석과 같이 직선으로 이어진 것을 보행기준선으로 삼아 이동한다. 원래 대부분의 도로에는 좌·우측에 기준선이 있게 마련이다. 차도 쪽으로는 보도 연석이 기준선이 되며, 건물 쪽으로는 건물 경계석이 기준선이 된다. 그러나 우리나라의 보도 연석은 구조상 가로수, 가로등, 각종 표지판의 기둥이 장애물이 되어 기준선이 되지 못하고, 건물 쪽은 상점의 진열대, 자전거, 오토바이, 리어카, 각종 물건과 불법 주차까지 있어 보행기준선으로 사용할 수 없는 곳이 많다. 다시 말해 보도 연석과 건물 경계석이 기준선의 제 역할을 못 하는 것이다. 그래서 제3의 기준선으로 점자블록이 그 역할을 대신하고 있는 것이다.

시각장애인을 배려하는 점자블록의 조건

현행법상 시각장애인의 보행기준선은 보도의 연석과 건물의 경계석이다. 하지만 가로수, 가로등, 표지판, 상품진열대, 불법 주차 등 여러 장애물로 인해 점자블록을 설치하여 기준선으로 설정해두고 있다. 점자블록은 '장애인·노인·임신부 등의 편의 증진 보장에 관한 법률 시행령'의 별표2 '대상시설 별 편의시설의 종류 및 설치기준'에서 정하고 있다. 이를 참고하여 시각장애인을 위한 배려 사항을 디테일하게 살펴보고자 한다.

가장 중요한 것은 점자블록의 정상적인 이용을 방해하는 시설물을 제거하는 것이다. 점자블록은 필요한 곳에 설치되어야 하며, 다른 보행 장애물로 인해 그 선형을 함부로 바꾸거나 끊어서는 안 된다. 그러나 우리나라의 점자블록은 상점 진열품, 자전거, 불법 주차 차량 등으로 인해 정상적인 작동하지 않는 경우가 많고, 이런 열악한 환경이 곧 시각장애인을 거리의 위험에 노출시킨다.

횡단보도 앞, 점자블록 설치 과정에서 가장 많이 범하는 오류는 선형의 점자블록을 보도의 중간 정도에서 시작하는 것이다. 이럴 경우, 시각장애인이 횡단보도를 인지하지 못하고 그냥 지나칠 수 있다. 따라서 횡단보도로 유도하는 점자블록은 횡단 방향과 일치시키고, 보도의 4/5가 되는 지점까지 길게 설치해야 한다. 또한, 시각장애인은 직선 이동을 하기 때문에 점자블록이 도로 방향과 평행으로 있어야 보도에서 이탈하지 않으며, 횡단보도와는 직각으로 설치되어야 바르게 건널 수 있다.

공원, 공공건물 또는 공중이용시설 등의 모든 건축물은 주 출입구에서 대중교통 수단의 정류장에 이르는 보도에 점자블록을 연속 설치해야 한다. 이때 버스 정류장이나 택시 승차장 앞의 점자블록은 횡단보도 앞과 동일하게 선형의 점자블록을 60㎝ 이상 폭으로 보도를 가로질러 승차지점까지 T자 형태로 유도하여 설치하는 것이 좋다.

그밖에도 철도역, 지하철역, 시외버스터미널, 선박터미널, 공항 등의 출입구로부터 매표소, 개찰구를 지나 승차장에 이르는 통로에는 점자블록을 연속적으로 설치해야 한다. 이동 동선은 가능한 한 단순해야 하며 필요 이상으로 많은 분기점을 만드는 것은 혼란을 일으킬 염려가 있으므로 피하는 것이 좋다.

마지막으로 경사가 심한 보도는 겨울철의 결빙 혹은 눈으로 인해 미끄러질 염려가 있으므로 가급적 점자블록보다는 핸드레일을 설치하는 것이 좋다.

위쪽부터 상품 진열로 인해 점자블록이 방해를 받고 있다(경기도)
도로 방향과 평행으로 점자블록이 설치되어 있다(일본 신덴)
보도연석을 점자블록 대신 보행기준선으로 활용할 수 있다(서울)

장애인 시설에도
배려가 필요하다

　우리나라에서 걷는다는 것은 정상인에게조차 쉽지 않은 일이다. 하지만 이런 이유로 장애인의 보행 환경을 등한시해서는 안 된다. 물론 국가에서는 장애인의 보행 환경 개선을 위해 노력해왔으며, 관련 정책을 계속해서 발전시켜 왔다. 그러나 가로 환경은 한순간의 정책이나 계몽으로 쉽게 바뀌지 않으며, 오랜 시간 노력해야 한다. 특히 장애인 보행 환경의 경우에는 좋은 사례를 끊임없이 발굴하고 대중들의 귀감이 되도록 해야 한다.

　독일 볼프스부르크(Wolfsburg)의 아우토슈타트(Autostadt)에는 특이한 계단이 있다. 휠체어를 위한 경사로와 계단이 만나는 곳은 계단 단차가 다른 곳과 차이가 발생하는데, 약시자의 안전을 위해 해당 부분을 노란색으로 표시하고 있다. 한국시각장애인복지관에 따르면 시력을 완전히 잃고 깜깜한 세계에서 생활하는 사람은 소수에 불과하다고 한다. 시각 장애인 중 상당수는 명암을 구분할 수 있는 광각이 있거나 희미하게나마 색깔을 구분할 수 있다는 것이다. 아우토슈타트의 계단은 완전히 시력을 잃은 장애인은 물론 약시자를 위한 배려가 무엇인지 잘 보여주는 사례인 것이다.

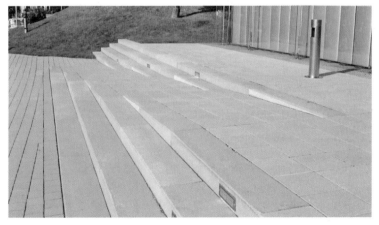

약시자를 배려한 계단(독일 볼프스부르크)

횡단보도 에스코트 존과 배려 깊은 시설들

일본 도쿄에는 시각장애인이 횡단보도를 안전하게 건널 수 있게 한 에스코트 존(Escort Zone)이란 것이 있다. 에스코트 존은 시각장애인이 횡단보도를 벗어나지 않고 안전하게 건널 수 있도록 횡단보도 내에도 점자블록을 설치한 것을 말한다. 주로 비정형 형태의 횡단보도에 설치하여 시각장애인이 바른 방향으로 건널 수 있도록 유도해주는 역할을 한다. 도쿄의 에스코트 존은 2009년부터 2017년까지 총 601개소가 설치되었다.

일본 도쿄의 미타카역(三鷹駅) 난간에 설치된 표지에는 특별한 정보를 담고 있다. 여기에는 버스 정류장, 택시 승차장, 파출소와 화장실 정보가 적혀 있어 일반 시민이나 여행자들에게 유용한 정보를 제공해주고 있다. 우리나라도 지하철역 난간에 비슷한 점자 안내 표지가 있지만, 일본처럼 시민을 위한 유용한 정보를 함께 제공해주지는 않는다.

일본 교토의 데마치야나기역(出町柳駅)에 설치된 화장실을 보자. 세면대 보조 손잡이와 기울어진 거울이 휠체어 이용자의 편의를 크게 높이고 있다. 물론 경사진 거울이 일반인에게는 불편할 수 있겠지만, 휠체어 이용자를 위해 충분히 감수할 수 있는 일이라고 생각한다.

횡단보도 정중앙에 설치한 점자블록 '에스코트 존'(일본 도쿄)

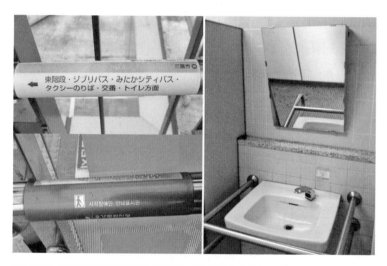

왼쪽 위부터 이용객에게 유용한 정보를 제공해주는 점자 안내 표지(일본 도쿄)와
우리나라 지하철역에서 흔히 볼 수 있는 점자 안내 표지(서울)
휠체어 이용자를 위해 기울인 화장실 거울(일본 교토)

장애인 차량에서 멀쩡히 걸어 나오는 운전자

우리나라 장애인용 주차면은 디자인이나 공급 규모로 볼 때 시설 자체의 문제는 없는 것 같다. 이제 남은 것은 이 장애인용 주차면이 정상적으로 사용되도록 하는 것이다. 비장애인이 장애인 스티커가 붙은 자동차를 운전하면서 장애인용 주차면을 사용하는 경우가 많기 때문이다. 장애인 스티커를 붙인 차량이라고 해서 장애인 전용주차 구역에 무조건 주차할 수 있는 것은 아니다. 반드시 보행에 장애가 있는 장애인이 탑승하고 있거나, 장애인이 직접 운전하고 있는 경우에만 허용된다.

이제는 장애인용 주차면에 주차를 하고 멀쩡히 걸어 나오는 운전자에 대해 단속을 강화할 필요가 있다. 장애인을 위한 주차면은 오롯이 장애인을 위한 것이다. 이 당연한 원칙을 위반하는 사람에게는 '장애인·노인·임산부 등의 편익증진 보장에 관한 법률' 제27조 제3항에 따라 20만 원의 과태료를 부과할 수 있다.

장애인·노인·임산부 등의 편익증진 보장에 관한 법률 제27조

③ 제17조 제4항을 위반하여 다음 각호의 어느 하나에 해당하는 자동차를 장애인 전용구역에 주차한 사람에게는 20만 원 이하의 과태료를 부과한다.

1. 장애인전용구역 주차표지를 붙이지 아니한 자동차
2. 장애인전용구역 주차표지가 붙어있는 자동차로서 보행에 장애가 있는 사람이 타지 아니한 자동차

어린이와 노인을
제대로 보호하는 방법

우리나라 '도로교통법' 제12조를 보면 교통사고 위험으로부터 어린이를 보호하기 위해 초등학교나 어린이집 등의 주변을 '어린이보호구역'으로 지정할 수 있도록 하고 있다. 또한 어린이보호구역에서는 자동차 통행속도를 시속 30㎞ 이내로 제한하며, 횡단보도 신호기, 속도 제한 및 횡단보도 표지, 과속 방지 시설 및 미끄럼 방지 시설 등을 설치하도록 하고 있다. 이처럼 도로교통법에서는 어린이보호구역을 설정하면서 어린이의 교통안전에 집중하고 있다. 반면, 노인보호구역을 설정할 때는 노인 복지에 초점을 맞춘다.

예를 들면, 노인보호구역에 노인복지시설, 도시공원, 생활체육시설 등을 설치하도록 권고하고 있다. 노인보호구역에 대한 교통안전 관련 규정은 도로교통법이 아닌 '어린이·노인 및 장애인 보호구역의 지정 및 관리에 관한 규칙'에서 정하고 있다. 이 규칙에서는 자동차의 통행금지 및 제한, 주정차 금지, 제한속도 시속 30㎞ 등으로 제약을 두고 있으며, 일방통행로 운영 및 안전표지 설치 등을 할 수 있도록 정하고 있다. 그러나 어린이보호구역과 달리 관련 교통안전 시설이 미흡한 것이 현실이다. 실제로 노인보호구역임을 알리는 표지나 노면 표시 외에는 특별한 조치가 보이지 않는다. 노인보호구역이 홀대받고 있다는 사실은 보호구역 지정 수와 교통사고 건수로도 확인할 수 있다. 보호구역으로 지정한 곳을 보면, 2019년 기준으로 어린이보호구역은 전국 16,912개소에 이르지만 노인보호구역은 1,932개소에 불과하다. 게다가 노인 보행자의 교통사고 사망자는 2020년 기준 628명으로 전체 보행 사망자의 56.1%에 이른다. 이는 어린이 보행자 교통사고 사망자 비율 2.2%와 큰 차이가 난다. 관심의 차이가 이런 결과로 이어진 것이다.

다만, 부상자를 포함하면 얘기는 조금 달라진다. 노인 보행 사상자는 18,466명이며, 어린이 보행 사상자는 10,500명이다. 인구 비율에서 어린이가 12.3%, 노인이 15.7%로 비슷하다. 결국 부상으로 따질 때 어린이와 노인은 큰 차이가 없는 것이다. 게다가 어린이의 경우, 교통사고 후유증이 가져올 국가 미래의 잠재적 손실을 생각하면 2.2%의 사망자로 만족해서는 안 되는 것이다. OECD 중에서 아이슬란드, 노르웨이, 스웨덴과 같은 국가들의 보행자 사망자는 인구 10만 명당 0.3명에 불과하다. 우리나라는 2.9명으로 이들 국가의 9배나 된다. 보행자의 상당수가 어린이와 노인이란 점을 생각하면 이들의 교통사고를 9배 감소시켜야 한다는 의미다.

그렇다면, 우리는 어린이와 노인을 위해 무엇을 해야 하나. 민식이법의 계기가 되었던 충남 아산의 어린이보호구역 내 횡단보도 교통사고를 살펴보자. 2019년 9월 어느 날, 가해 차량은 횡단보도를 건너고 있던 김민식 군을 치어 사망케 했다. 가해 차량은 시속 30㎞ 이내로 운전하고 있었다. 문제는 운전자가 횡단보도를 건너는 어린이를 인지하지 못했다는 것이다. 횡단보도를 바로 지나 정차해 있던 차량으로 인해 가해 운전자가 피해 어린이를 볼 수 없었기 때문이다. 하지만 이보다 더 큰 문제는 운전자가 횡단보도에서 정지하지 않고 그대로 통과했다는 것이다. 결국 자동차에 치인 어린이는 안타깝게 숨졌고 사회적으로 큰 이슈가 되면서 어린이보호구역의 안전시설을 강화하고 운전자를 무겁게 처벌하는 이른바 '민식이법'이 만들어졌다.

이 사건은 우리나라의 부실한 교통안전 체계를 여실히 보여주었다. 운전자가 보행자를 인지할 수 없게 만드는 도로 상황, 그리고 횡단보도 앞에서 일시 정지를 하지 않는 실태를 적나라하게 보여준 것이다. 대부분의 교통사고는 어린이를 인지하거나 운전자가 횡단보도 앞에서 멈추면 발생 확률이 크게 낮아진다. 따라서 어린이보호구역을 안전하게 만들기 위해서는 운전자로 하여금 보행자를 시야에서 놓치지 않고 조심히 운전하도록 유도하는 물리적 환경이 필요하다. 물론 이것은 노인보호구역에도 똑같이 적용된다.

이런 물리적 시설 중에서 하루빨리 도입·정착되었으면 하는 것들이 있다. 먼저, 노인·어린이보호구역 내 만연한 불법 주정차를 없애고, 어린이와 노인을 가리는 횡단보도 앞 가로수를 정비해야 한다. 이러면 운전자가 보행자를 놓치지 않고 그들의 행동을 예측하기 쉬워질 것이다. 운전자의 주의를 끄는 횡단보도 표지도 새롭게 정비해야 한다. 무엇보다 신호가 없는 횡단보도나 교차로에서 자동차의 일시 정지를 의무화한다면 어린이와 노인을 시야에서 놓치더라도 횡단보도 사고를 예방할수 있을 것이다.

보호구역 내 자동차 주차는 어린이와 노인 교통안전에 가장 큰 위해(危害) 요인이다. 운전자의 시야를 가리고, 그들의 행동을 인지하지 못하도록 방해하기 때문이다. 그럼에도 보호구역에서의 불법 주정차는 계속되고 있다. 민식이법 시행 이후에도 마찬가지다. 서울시와 경기도만 보더라도 어린이보호구역 내 불법 주정차 문제는 매우 심각하게 보고되고 있다.

"경기도 어린이보호구역 관리실태 특정감사 결과,
345개 초등학교 어린이보호구역 중 15.3%에서 불법 주정차 존재"
경기도 뉴스포털, 2021. 01.20

"2020년 서울시 어린이보호구역 불법 주정차 단속 건수는
184,413건으로 2019년 대비 17% 증가"
서울특별시, 2021.02.23

다행히 경찰청은 2021년 10월 21일부로 주정차 금지 장소에 어린이 보호구역을 포함시켰다. 어린이보호구역에서는 일체 자동차를 세울 수 없도록 한 것이다. 그동안은 어린이보호구역이라도 별도로 주정차 금지 장소로 지정하지 않았다면 합법적으로 주정차를 할 수 있었다. 그러나 앞으로는 별도 표시가 없어도 모든 어린이보호구역에서 주정차를 할 수 없게 되었다. 그러나 여기서 끝나서는 안 된다. 노인보호구역 역시 마찬가지다. 더구나 보행 사망자의 50%를 훌쩍 넘는 노인 교통안전 문제를 소홀히 하면 안 된다. 주정차로 인해 걷기 힘들고, 교통사고 위험에 더 많이 노출된 곳은 오히려 노인보호구역이기 때문이다. 이곳 역시 주정차를 전면 금지시켜야 한다.

횡단보도 주변 가로수를 제거해야 사람이 보인다

어린이와 노인 보호구역에서 횡단보도는 안전에 가장 위험한 장소가 된다. 보도와 차도가 분리되어 있는 경우 어린이보호구역은 대개 방호 울타리로 막혀 있다. 따라서 횡단보도가 유일한 건널목이 된다. 주의가 산만한 아이들, 그리고 걸음이 느린 노인들이 언제든 횡단보도로 내려올 수 있는 것이다. 이런 상황에서 보호구역 내 가로수는 운전자의 시야를 방해한다. 특히 횡단보도에 심어진 가로수는 불법 주차 차량과 똑같이 어린이와 노인을 인지하지 못하게 하며, 갑자기 도로로 뛰어드는 상황에서는 더욱 대처하기 어렵게 만든다.

가로수가 한여름의 햇빛을 차단하고 그늘을 만들어주기도 하지만 교통안전에는 심각한 위해(危害) 요소가 될 수 있는 것이다. 따라서 횡단보도 부근에는 어린이와 노인이 충분히 보이도록 가로수를 제거할 필요가 있다. 자동차가 사람을 발견하는 순간부터 정지하기까지 필요한 거리를 '정지시거'라 부르는데, 그 거리만큼 횡단보도 상류부의 가로수를 제거하면 된다. '도로의 구조·시설 기준에 관한 규칙'에서는 시속 30㎞에서 30m, 50㎞에서 55m로 규정하고 있다.

교차로의 시야가 완전 개방된 모습. 가로수 처리도 완벽하여 보도 시인성이 전혀 훼손되지 않았다(스위스 취리히)

보행자가 아닌 운전자에게 알려야 한다

학교 앞 도로는 대체로 보도에 방호 울타리를 쳐서 어린이의 무단 횡단을 막고 있기 때문에 도로 횡단은 횡단보도에서만 이루어지는 경우가 많다. 따라서 전방에 횡단보도가 있음을 알리는 횡단보도 표지는 어린이와 노인의 교통안전에 매우 중요한 정보가 된다.

그런데 우리가 흔히 볼 수 있는 횡단보도 표지에 문제가 있다. 현재 설치되어 있는 횡단보도 표지는 보행자에게 '횡단보도로 건너라'고 지시하는 표지이다. 마땅히 보호받아야 할 보호구역에서 운전자가 아닌 어린이와 노인에게 횡단보도로 건너라는 메시지를 전달하는 것이 맞는 걸까? 그보다는 "전방에 횡단보도가 있으니 주의 운전을 하세요."라고 운전자에게 메시지를 줘야 하지 않을까?

횡단보도 표지에는 지시 표지와 주의 표지가 있다. 우리가 흔히 보는 것은 지시 표지로서 보행자에게 횡단보도로 건너라는 지시를 담고 있다. 주의 표지는 반대로 운전자에게 횡단보도를 알리고 주의 운전을 하도록 유도하는 것이다.

지시 표지
횡단보도 설치 지점 중
필요한 곳의 도로 양측에 설치

주의 표지
비포장도로 혹은 포장도로 중 신호기가 없는
경우에 설치 (횡단보도 전 50~120m)

일시 정지 표지를 의무화해야 한다

노인·어린이보호구역은 이면도로가 많고 따라서 신호기가 없는 교차로나 횡단보도가 많다. 이곳에서 가장 유용한 안전장치는 자동차로 하여금 일시 정지를 의무화하는 것이다. 차량이 일시 정지 후 출발하는 것은 일본이나 미국의 이면도로에서 흔하게 볼 수 있는 인상 깊은 광경이다. 그러나 우리나라에서는 어디서도 볼 수 없는 모습이기도 하다. 심지어 일시 정지 표지조차 찾기가 쉽지 않다.

도로교통법 시행규칙 별표6에 따르면 '일시 정지 표지'는 자동차에게 일시 정지를 지시하는 표지다. 주로 교차로 및 기타 필요한 지점의 우측에 설치하도록 하고 있다.

일시 정지 표지(노면 표시)는 신호등이 없는 교차로에서 보행자의 안전을 위해 무엇보다 중요하다. 이 표지는 이면도로에서 차량의 과속을 막고, 운전자에게 주의 운전을 하도록 유도하며, 보행자의 갑작스런 도로 횡단 등에 대처하기가 용이하기 때문이다. 이렇게 중요함에도 불구하고 현재 우리나라에서는 일시 정지 표지를 발견하기 힘든 실정이다.

일시 정지 표지는 보행 안전 모범 국가인 미국과 일본의 어린이보호구역과 이면도로에서 쉽게 찾아볼 수 있다. 운전자들도 표지가 지시하는 대로 일시 정지 후 출발함으로써 보행자 교통사고 예방에 크게 기여하고 있다.

일시 정지 표지와 노면 표시(미국 샌프란시스코)

어린이보호구역 통학로 표지(일본 도쿄)

보도의 주인은 보행자다

보도에서 자전거를 함께 이용하는 경우, 우리나라는 보행자·자전거 겸용도로 표지를 사용하고 있다. 그러나 외국에서는 보행자·자전거 겸용도로에서 자전거로부터 보행자를 보호하기 위한 노면 표시나 보조 표지를 사용하고 있다.

다음 표지는 보도의 주인은 보행자이며, 따라서 자전거는 보행자를 보호할 의무가 있다는 것을 말하고 있다. 최근 자전거는 물론, 전동 킥보드 이용자가 늘면서 어린이와 노인에게 큰 위협이 되고 있다. 보행자·자전거 겸용도로의 주인은 분명 보행자가 맞다. 자전거도로를 설치할 공간이 없기 때문에 보행자에게 양해를 구해 자전거에게 통행권을 허락한 것이다. 따라서 자전거와 킥보드 이용자에게 이 사실을 분명히 알려줘야 한다. 보도에서는 보행자가 우선한다고 말이다.

보행자 우선권과 자전거 속도 제한을
알리는 표지(캐나다 벤쿠버)

3장
___

서로를 배려하는
교통 인프라 구축

지하철에서 만난
작은 감동

지하철은 분명 불편한 교통 수단이다. 서서 가는 것도 힘이 들고, 갈 아타는 것도 짜증나는 일이다. 게다가 처음 보는 사람들의 무표정한 얼굴을 마주해야 하는 것도 그리 좋은 경험은 아니다. 많은 사람들이 자기 자동차를 구입해야겠다고 마음먹는 이유일지도 모르겠다. 그럼에도 자동차 증가로 인한 사회적 비용, 주차장 부족, 교통혼잡, 대기오염 등을 줄이기 위해 국가는 대중교통 활성화에 최선을 다하고 있다. 지금까지 지하철로 사람들을 유인하기 위해 많은 노력을 기울여 왔고, 적어도 이용 편의성과 시설 개선 측면에서 큰 성과가 있었다.

나는 버스보다 지하철을 더 자주 이용한다. 5분 거리로 집에서 가까워 편하고, 도시 주요지역 어디에나 갈 수 있으며, 노선이 단순하고 이해하기 쉽기 때문이다. 지하철역 입구에 들어서면서 맨 처음 만나는 것이 계단인데, 이곳에서부터 일반 가로에서는 볼 수 없는 차원 높은 서비스가 시작된다. 예전의 지하철역 계단은 비나 눈이 오는 날이면 미끄러져 넘어질까 조심스러웠는데, 지금은 모두 미끄럼 방지 처리가 되어 있다. 일본에서 미끄럼 방지 계단을 보고 선진국과의 차이를 크게 느끼곤 했는데 어느새 우리도 이런 시설이 일상화된 것이다.

계단을 지나 플랫폼까지 가는 길에는 반드시 에스컬레이터나 엘리베이터를 설치해 노약자의 이동 편의를 배려하고 있다. 다만 하나 아쉬운 것은 긴급정지 버튼의 위치다. 에스컬레이터는 역주행, 끼임 등 정지가 필요한 상황이 발생하곤 한다. 그런데 정지 버튼이 쉽게 눈에 띄지 않는다. 긴급정지 버튼은 어디에 있을까? 에스컬레이터 아래쪽에 있어 찾기가 쉽지 않다. 다른 나라에서는 사람들의 눈에 띄기 쉬운 곳에 크게 설치해 놓고 있다. 위험한 상황에 대처하기 위해 설치한 것이니 쉽게 찾아서 작동시킬 수 있어야 하기 때문이다.

비상시 필요한 버튼은 열차 안에도 있다. 위급한 상황에서 수동으로 문을 열거나 열차를 정지시키기 위한 용도인데, 우리나라의 문 여는 방법은 직관적이지 않으며 쉽지 않다. 우리나라는 커버를 열고 손잡이를 오른쪽으로 돌려야 한다. 보통 뭔가를 연다는 것은 왼쪽으로 돌리는 것이 자연스러운데, 오른쪽으로 돌리도록 되어 있다. 설명을 잘 읽어야 실수 없이 열 수 있는 셈이다. 직관적이지 않다. 반면, 런던과 취리히 지하철 안에 있는 수동 문열림 장치는 그냥 당기기만 하면 된다.

왼쪽부터   긴급정지 버튼이 아래쪽에 있어 찾기가 어렵고, 비상시 사용도 어렵다(대전 지하철 1호선)
         에스컬레이터 긴급정지 버튼이 누구나 쉽게 알 수 있는 위치에 있다(영국 런던)

왼쪽부터   비상시 단지 당기는 것만으로도 문을 열 수 있다(런던 지하철)
         비상시 누구라도 직관적으로 문을 열 수 있다(취리히 지하철)

디테일을 더한 플랫폼 안내 정보

지하철 플랫폼에는 도착 시각을 알려주는 시각표가 붙어 있다. 이 시각표는 매우 정확해서 열차들이 분 단위 배차 시간까지 정확히 지킨다. 또한 플랫폼에는 노선도가 있는데, 환승 정보는 물론 빠른 환승이 가능한 위치까지 알려 준다. 이 정보들을 잘 알아두면 편리하게 지하철을 이용할 수 있다.

여름이면 약냉방칸을 일부러 찾는 사람들이 있다. 그런데 우리나라는 이 약냉방칸이 몇 번째 칸에 있는지를 알 수가 없다. 약냉방칸 표시가 열차에 붙어있기 때문이다. 반면 일본 지하철의 약냉방칸은 플랫폼 바닥에 적혀 있다. 따라서 열차가 도착하기 전에 해당 위치를 찾아 거기서 기다리면 된다. 약냉방칸 표시 위치가 이용자에게는 엄청난 차이로 다가오는 것이다. 이 또한 디테일의 매우 좋은 사례라고 생각한다.

스테이션 바닥에 약냉방차 표시가 되어 있다(일본 도쿄 미타카역)

프라이버시와 안전을 지키는 디자인

때때로 열차에서 출입문 옆에 기대어 있는 사람들을 볼 수 있다. 그
럴 때면 앉아 있는 사람의 팔꿈치가 기대어 있는 사람의 엉덩이에 닿게
되는 일이 많다. 의자를 설치할 때부터 그런 상황에 대한 배려가 없었
기 때문이다. 외국 사례를 보자. 홍콩과 방콕 모두 투명한 플라스틱으
로 아예 막아 놓았다. 기대는 사람이나 난간 옆의 사람이나 아무 문제
가 없다.

칸막이 시설을 통해 프라이버시를 지킬 수 있도록 하고 있다 (홍콩)

서울시는 매년 2,000건 넘게 발생하는 지하철 범죄를 예방하기 위해 범죄예방 디자인으로서 '안전구역'을 설치해 운영하고 있다. 대략 길이 5m, 폭 2m의 안전구역을 지정하여 그 안에 CCTV와 비상전화, 비상벨을 설치했다. 2014년 9호선에 처음 설치했고, 지금은 전 구간에서 볼 수 있다. 안전구역은 범죄예방이 목적이다. 밤늦은 시각, 플랫폼의 안전구역 안에 있는 사람들은 CCTV에 감시되므로 범죄가 예방된다는 것이다. 이것이 얼마나 범죄를 예방했는지 그 효과는 정확히 알 수 없다. 하지만 우리나라의 지하철이 다른 어떤 나라의 지하철보다 안전한 이유는 시민의 안전을 위한 적극적인 배려 때문일 것이다.

서울시 지하철 안전구역 설치

버스 서비스에 필요한
배려와 디테일

우리나라 최초의 버스는 1911년 진주에 살던 일본인 에가와(江川)가 들여온 포드 8인승 자동차로서, 1대를 사들여와 마산과 삼천포 구간을 운행했다고 한다. 당시 버스는 저녁이 되면 가스등을 켜고 운행했으며, 천막으로 지붕을 씌웠다. 버스 영업이 본격화된 것은 이로부터 10년이 지난 1920년대였다. 특히 1928년 경성부청(현 서울시청)에서 20인승 대형버스 10대를 일본에서 들여와 주요 간선도로에 도입하면서 대중교통으로서의 지위를 갖기 시작했다.

이후 버스는 서민의 발이 되었다. 오늘날에도 특별시와 광역시를 제외한 대부분의 중소 도시에서는 버스가 핵심 대중교통이다. 10여 년 전만 해도 버스는 불친절의 대명사였다. 정류장을 그냥 지나치기 일쑤였고, 도로 한가운데 정차하는 것이 예사였으며, 승객이 출입문으로 늦게

나오면 빨리 나오라며 야단치는 일도 흔했다. 다행히 중앙버스전용차로와 광역버스가 등장하는 한편, 2004년 서울을 시작으로 여러 도시들이 준공영제를 실시하면서 서비스의 질이 크게 향상되기 시작했다.

특히 지불 방법에 있어서는 획기적인 발전이 있었다. 버스는 과거 현금이나 토큰을 사용해야 하는 등 지불 방법에 있어서 제약이 많았다. 그러던 중 현금 지불에 대한 불편 및 승하차 시간 지연 해소, 운송업체의 경영 효율화를 위해 1996년 최초로 서울시에서 버스카드제(티머니)를 도입하였고, 1998년에는 지하철에도 카드제를 도입하게 되었다. 그러나 버스와 지하철 간 호환이 되지 않아 시민들의 불편이 컸는데, 2004년 드디어 서울시 버스 교통체계 개편을 계기로 버스와 지하철의 상호 호환이 가능해졌다. 지금은 주요 대도시 교통카드가 상호 호환이 가능하며, 신용카드에 의한 후불제 도입으로 보다 편리한 지불 체계를 갖추게 되었다.

버스의 편의성도 크게 향상되었다. 과거 버스에는 에어컨이 없었다. 찜통이 된 버스 안에는 사람이 가득했고, 땀 냄새가 뒤섞여 진동했다. 그러나 지금은 대부분의 버스에 에어컨이 설치되어 그 옛날의 불편은 찾아볼 수 없다. 어디 그뿐일까. '교통약자의 이동편의 증진법'에 따라 오늘날 버스에는 기본적으로 안내방송 시설, 문자 안내판, 휠체어 승강 설비, 교통약자용 좌석 등을 구비하고 있다.

보다 나은 버스 서비스를 위하여

그러나 이런 노력에도 불구하고 여전히 문제는 남아 있다. 대중교통으로서 버스 서비스가 해결해야 할 숙제이기도 하다. 대도시의 경우, 자동차의 증가와 지하철 공급으로 인해 버스 수요는 지속적으로 감소해 왔다. 그러다보니 버스 업체의 경영악화와 함께 서비스 품질도 낮아질 수밖에 없었다. 서비스의 중요한 척도가 되는 통행속도에 있어서도 2021년 기준, 서울의 버스는 시간당 18.1km로서 승용차의 23.0km에 비해 크게 낮다[*]. 결국 낮은 통행속도는 버스의 신속성 및 정시성 저하로 이어졌다.

이에 버스 통행속도를 증가시켜 버스의 신속성과 정시성을 개선하고자 대도시를 중심으로 많은 버스전용차로가 만들어졌다. 그러나 서울시의 중앙버스전용차로를 제외하면 대부분 도시의 가로변 버스전용차로는 불법 주정차 및 이면도로의 차량유출입으로 인해 그 기능을 제대로 발휘하지 못하고 있다. 또한 버스전용차로가 일정 구간에만 설치되어 연속성이 단절된 것도 효율을 저하시키는 원인이다.

차량의 노후화도 버스의 경쟁력 확보에 장애가 되고 있다. 특히 저상버스 보급률을 보면, 2005년 교통약자 이동 편의 증진법이 제정된 이후 2021년까지 42%를 목표로 하고 있으나, 2020년 기준 28.4%에 불과

---

[*] 2021 서울특별시 차량통행속도 보고서, 서울시, 2022.

한 실정이다. 반면 미국은 현재 80%에 이르고 있으며, 독일은 2022년까지 100%를 목표로 하고 있다.

버스는 지하철과 달리 정시성이 떨어지는 게 가장 큰 약점이다. 도시에서는 교통 혼잡으로 인해 지하철과 같은 정시성을 제공하는 것이 쉽지 않다. 그러나 버스 위치를 실시간으로 파악하여 정류장 도착 시간을 정확히 알려주는 것은 가능하다. 이를 버스정보시스템(BIS, Bus Information System)이라고 하는데, 시민의 이용편의를 크게 향상시킬 수 있어서 매우 유용하다. 최근에는 스마트폰 앱에서도 버스 도착 시간을 확인할 수 있어 버스 서비스가 한층 고도화되고 세련된 느낌이다.

저상버스는 차체가 낮고 계단 단차가 작아 오르내리기 편해 장애인의 버스 접근성을 크게 높일 수 있다

작은 배려가 더 편리한 버스를 만든다

전술한 바와 같이 버스는 요금 지불 방법, 저상버스 도입, 버스정보 시스템과 같이 굵직한 서비스들은 크게 발전시켜 왔다. 그러나 디테일에서는 눈에 띄는 문제가 있다. 버스 정류장에는 버스 노선도가 있는데, 해당 정류장을 통과하는 버스들의 노선과 행선지 정보를 자세하게 알려준다. 그런데 많은 경우, 노선도에 현재의 정류장 위치와 버스 진행 방향 표시가 없는 것을 볼 수 있다. 그런 노선도로는 자신이 서 있는 곳이 목적지 방향인지 반대 방향인지 확인하기 어렵다. 따라서 버스 노선도는 자신의 현 정류장 위치와 버스의 행선지를 정확히 안내해야 한다.

서울과 같이 중앙버스전용차로의 버스 정류장에서 버스는 도착한 순서대로 사람을 태운다. 그러다 보니 버스가 꼬리를 물면서 도착하면 사람들은 자기 버스를 타려고 이리저리 뛰어야 한다. 그런 모습은 매우 무질서해 보이기도 하지만, 시민의 입장에서는 그런 버스 서비스가 불편하기만 하다. 버스 노선마다 승하차 위치를 지정해놓고, 그곳에서만 승하차를 하도록 하는 것이 어려운가?

버스 정류장을 가보면 또 다른 문제를 볼 수 있다. 버스가 도착하기가 무섭게 사람들이 도로로 내려가는 것이다. 정류장에 정확히 정차하지 못한 버스는 도로 중앙에 정차하고 다른 차량을 방해한다. 버스 운전사와 시민 모두에 대한 교육·홍보가 절실히 필요하다.

또한 버스에서 목적지에 도착할 무렵이면 앉은 자리에서 일어나 출구로 가야 한다. 아무도 재촉하지 않는데도 말이다. 예전에는 운전사들이 늦장을 부린다고 재촉하고 손님에게 화를 내기도 했다. 그러나 지금은 운전사들이 재촉하거나 화를 내지 않는데도 불구하고, 승객들이 알아서 출구로 향한다. 일본 버스 운전사들은 정류장에 도착하기 직전에 승객에게 '버스가 정류장에 정지하기 전에는 자리에서 일어나지 마세요'라는 멘트를 방송으로 알린다. 그리고 승객들은 버스가 완전히 정차한 후에 자리에서 일어나 출구를 향해 느긋하게 걸어간다. 그러면 운전사 역시 여유롭게 승객이 하차하기를 기다려준다. 버스에 룸미러가 괜히 있는 것이 아니다. 승객이 여유 있게 내릴 수 있도록 안내하고 기다려주는 운전자 교육이 필요하지 않을까 생각한다.

버스는 효율적인 대중교통이자 공공서비스로서 정부는 관련 서비스를 개선하고 발전시킬 의무가 있다. 준공영제, 저상버스, 버스전용차로, 버스정보시스템의 보급은 바로 그런 노력의 결과물이다. 하지만 조금 더 세심한 배려가 더해져야 한다. 바르게 표기된 노선도, 정류장 승하차 위치 설정 등 시민을 위한 작은 배려가 버스 서비스 선진국으로 가는 데 큰 힘이 되어줄 것이다.

사람과 사람 사이의 신호:
쉽고 명확한 가로 표지

인간은 외부로부터 오는 정보를 인지하고 처리함으로써 자신의 행동을 결정한다. 가로에서도 마찬가지다. 운전을 하거나 가로를 걷는 중에, 혹은 대중교통을 이용하면서 우리는 수많은 정보와 마주친다. 그중 대표적인 것이 교통 표지와 노면 표시이다. 가로의 표지들은 우리에게 판단에 필요한 정보를 제공하고, 행동을 지시하며, 안전을 지켜주는 역할을 한다. 표지는 그 지점을 통과하는 짧은 시간 동안 노출되며, 따라서 그 짧은 시간 안에 정보를 정확히 해석할 수 있어야 한다.

가로에서 볼 수 있는 표지들은 다양한 형태로 존재한다. 색깔, 문자, 도형, 숫자 등으로 표현되며, 시각·청각을 통해 인지하게 된다. 가령, 색깔은 그 자체만으로 이미 명확한 의미를 우리에게 전달해줄 수 있다.

가로에서 마주치는 다양한 표지들

빨간색은 여성 화장실, 어린이보호구역, 혹은 금지와 제한의 의미로 사용되며, 파란색은 남성 화장실, 버스전용차로, 허용의 의미로 사용된다. 문자는 간결하고 함축적인 정보를 주며, 도형과 숫자는 때로 문자보다 의미전달이 쉽다. 이들 표지가 효율적으로 전달되고 제대로 작동되기 위해서는 적절한 위치에 잘 설치되어야 한다. 이런저런 표지들에 함께 묻혀 정작 중요한 정보를 잃게 해서는 안 되며, 우리의 인지능력을 넘어서는 정보량을 담아서도 안 된다. 표지가 잘 설치되었다는 것은 크기, 위치, 정보량 등이 적절하다는 것을 의미하며, 필요한 곳에 필요한 정보가 강조되고 있음을 의미한다. 가령, 횡단보도 부근에서는 횡단보도 표지, 학교 앞에서는 제한속도 표지, 또 길이 갈라지는 곳에서는 방향 표지가 무엇보다 중요한 것처럼 말이다.

그러나 가로를 운전하거나 걷다 보면 수많은 표지들이 오히려 쓰레기처럼 느껴질 때가 있다. 필요한 곳에 필요한 표지가 없거나, 표지가 있더라도 있으나마나 한 경우도 많다. 우리나라의 가로 표지들은 정돈되지 않았을 뿐만 아니라 그 역할도 제대로 못 하는 것 같다. 자동차 성능시험 연구소의 표지에 대한 설문조사에 따르면, 응답자의 78.5%가 잘 안 보이고, 내용이 복잡하며, 필요한 장소에 없다고 대답했다.

유럽이나 미국, 일본을 방문했던 사람들은 잘 정돈된 표지와 가로 환경에서 느끼는 바가 많았을 것이다. 이는 표지를 포함한 우리나라의 가로 환경이 아직 제대로 조성되지 않았음을 방증하는 것이다. 표지에 대해 깊이 있게 성찰해야 하는 까닭은 이것들이 우리의 안전 및 이동 편의성과 직결되기 때문이다.

필요한 장소에 필요한 정보를

표지가 필요한 곳에서는 필요한 정보가 강조되어야 한다. 어린이보호구역, 보행자우선구역, 노인보호구역, 자전거겸용도로가 있는 곳에서 중요한 것은 자동차의 속도를 통제하는 것이다. 따라서 이 구역 전체에서 표지는 속도를 제어하는 데 집중하는 것이 중요하다. 갈림길에서 운전자는 방향 표지가 필요하다. 내비게이션이 길을 잘 안내해주고 있지만 아직도 많은 운전자들은 방향 안내 표지를 통해 자신의 경로를 확인한다.

서울 화랑로와 오패산로가 만나는 곳에 월곡교가 있는데, 이 주변에는 '월곡교'라고 적혀 있는 표지가 무려 6개나 있고 접근로에는 '통행제한' 표지가 설치되어 있다. 처음에는 왜 이렇게 쓸데없는 표지를 많이 설치했나 싶었다. 하지만 알고 보니 구조물의 안전을 위해 교각이라는 것을 강조하는 표지였다.

월곡교로 접근하는 곳곳에 대형트럭의 통행제한 표지가 있던 이유이기도 하다. 회기로에서 종암로와 만나는 삼지 교차로는 우측으로는 종암로, 좌측으로는 안암로와 고산자로로 이어진다. 그런데 이 교차로에는 버스전용차로 표지가 크게 설치되어 있다. 이 교차로의 메인 진행 방향은 좌측이고, 좌회전 이후 바로 안암로와 고산자로로 갈라지기 때문에 좌회전 차량에게는 버스전용차로 표지가 아닌 방향 안내 표지가 필요하다. 필요한 정보가 적절하게 제공되지 않는 셈이다.

아파트 단지 내 엘리베이터를 보면 기대지 말라는 주의 표지를 보곤 한다. 그런데 이 표지가 높게 설치되어 있어 정작 주의를 요하는 아이들의 눈에는 닿지 않는다. 결국 이 표지는 본래의 목적에 부합하지 않는 위치에 설치되어 있는 것이다. 과연 엘리베이터의 주의 표지를 보기 위해 일부러 위를 쳐다볼 아이들이 얼마나 될 것인가? 반대로 좋은 사례를 잠실 종합운동장역에서 만났다. 엘리베이터 위치 표지가 낮게 설치되어 있다. 휠체어의 높이에 맞춰 표지를 설치한 것이다. 장애인에 대한 배려 깊은 이 표지가 모든 지하철역에 두루 설치되었으면 좋겠다.

왼쪽부터   엘리베이터 문에 기대지 말라는 주의 표지의 위치가 너무 높다
          장애인을 배려하여 엘리베이터 안내 표지를 낮게 설치했다(서울 종합운동장역)

좋은 표지의 조건 단순, 명료, 신뢰

도로의 표지는 단순해서 이해하기 쉬워야 한다. 하네다 공항의 에스컬레이터의 진입 표시도 좋은 사례로써 크고 선명해서 직관적으로 의미를 알 수 있다. 이처럼 표시는 쉽고 단순하며, 직관적으로 이해할 수 있어야 한다.

또 다른 좋은 사례로 미국 LA에서 볼 수 있는 횡단 표지를 살펴보자. 이 표지들을 크고 선명하여 운전자가 쉽게 인지할 수 있다. 따라서 운전자는 전방에 횡단보도가 있으며 주의 운전이 필요하다는 것을 직관적으로 알게 된다.

왼쪽부터　에스컬레이터 앞에서 진입표지가 명쾌하다(일본 하네다 공항)
　　　　　횡단보도 표지가 크고 선명하여 운전자에게 시인성이 좋다(미국 LA)

우리나라는 주말이 되면 주거지역 내 도로가 주차장이 된다. 도로에 붙은 주차금지 표지는 물론이거니와 무인 단속 시스템도 일요일에는 쉰다고 생각하나 보다. 주차금지 표지나 단속 시스템이 있거나 말거나, 어린이보호구역이든 말든 자동차들이 빽빽이 주차되어 있다. 법과 원칙도 주말이 되면 함께 쉬는가? 주말이라고 단속을 하지 않고, 주말이 되면 법을 어겨도 내버려 두는 것은 문제라고 생각한다. 법과 원칙에 대한 신뢰성이 훼손되기 때문이며, 잃어버린 신뢰성을 회복하는 것은 더욱 힘이 들기 때문이다.

4장

멈춰서 쉴 수 있는
배려도시

광장의 본질은
공간 너머에 있다

    광장은 원래 지중해 문화권에서 발생한 공동체적 생활의 산물이다. 그리스의 아고라(Agora)에서 시작된 광장 문화는 고대 로마 포럼(Forum)으로 이어졌고, 중세, 르네상스, 바로크 시대를 거치면서 유럽의 도시 공간에서 가장 중요한 위치를 차지하고 있다. 이처럼 유럽 문화권에서 광장은 유구한 역사를 갖고 있으며, 오늘날 광장 없는 도시를 찾아볼 수 없을 만큼 보편적인 도시 공간이 되었다.

    애초에 광장이란 개념조차 없었던 우리나라의 경우, 1972년 조성된 5.16광장이 최초의 광장이었다. 이후 광화문광장, 서울광장, 청계광장이 들어서면서 우리 시민들도 광장이라는 이질적 문화에 점차 익숙해지기 시작했다. 그럼에도 불구하고 우리나라에서 광장은 아직 생소한 개념이다. 이는 광장의 명칭을 도시계획의 법정용어인 광로(廣路)로 사용하는 데서도 찾아볼 수 있다.

광장은 시민들이 공동체적 동질성을 확인하고 형성해나갈 수 있는 장소다. 그 공간으로 사람들이 모이고 정치·사회·문화적 교류가 이루어지며, 그 기억들이 축적되면서 사회적 연대가 완성된다. 이렇게 유럽 국가들은 광장을 통해 시민들의 연대가 이뤄졌고, 결과적으로 오늘날 유럽 연합의 성립도 가능해진 것이다.

반면 우리나라의 광장이 유럽의 그것처럼 정치·사회·문화적 시민 연대를 견인해왔는지는 의문이다. 물론 촛불집회와 같은 정치적 행위만 놓고 보면 우리의 광장은 세계 어떤 도시의 광장보다도 대단한 역할을 해냈다. 그렇지만 다른 관점에서는 동의하기가 어렵다. 이탈리아의 대표적인 광장인 베네치아의 산마르코 광장(Piazza San Marco)은 많은 사람들이 찾는 곳이다. 정치 집회는 볼 수 없지만 그곳에는 사랑을 나누는 사람들, 따사로운 햇살을 즐기는 사람들, 기타를 치며 노래하는 사람들, 결혼식 사진을 촬영하는 사람들, 마술 공연을 하는 사람들이 있고, 이들을 지켜보는 사람들로 가득하다. 그러나 아직 우리의 광장에서는 산마르코 광장과 같은 모습은 보이지 않는다.

우리는 역사를 통틀어 광장이라는 존재 자체가 없었다. 유럽의 광장이 아무리 그 효용과 가치가 높다한들 그들과 다른 역사를 가진 우리가 광장에 담긴 정신까지 받아들이기에는 한계가 있다. 과거 유럽은 좁은 골목길과 높은 건물로 인해 햇볕을 쬐기 위한 야외 공간이 필요했고, 탁 트인 넓은 공간이 자연적으로 만들어졌을 것이다. 단순하지만 분명한 이유가 있었던 셈이다. 그렇게 만들어진 공간은 시민들의 자유롭고

민주적인 활동을 유도했고, 점차 진정한 의미의 광장이 될 수 있었다.

그렇다면 우리나라 도시에서 광장은 여전히 유효한 도시 공간이 될 수 있을까? 우리는 자동차 중심의 도시에 살고 있다. 보행자는 소외되고 카페, 극장, 쇼핑몰 등 건물 안에서만 사람들이 머물고 모인다. 시민 공동체가 갖는 문화를 함께 공유하고 개인의 정치적 견해가 자유롭게 표출되며, 차를 마시며 다양한 사람들의 모습을 한가로이 구경할 수 있는 공간은 없다. 유튜브나 SNS가 있다지만 그곳은 이미 나와 다른 목소리를 듣지 않는 공간이 돼버렸다. 결국 우리에게 필요한 것은 광장이며, 유럽의 광장은 우리에게 좋은 표본이 될 수 있을 것이다.

산마르코 광장(이탈리아 베네치아)

광장의
기원과 역사

인류 최초의 광장은 어디일까? 기원전 3400년경 메소포타미아 문명의 고대 도시 우르(Ur)에 있던 지구라트(Ziggurat)는 종교 의식 외에도 광장과 유사한 역할을 했다고 한다. 또한 인더스 문명의 고대 도시였던 하라파(Harappa)와 모헨조다로(Mohenjo-Daro)의 집회소 역시 광장과 같은 역할을 한 것으로 추정된다. 그러나 광장의 최초 원형으로 인정받고 있는 것은 고대 그리스 도시 국가의 아고라(Agora)이다.

아고라는 '모이다'라는 뜻의 그리스어 'ageiro'에서 유래했다. 이곳은 시장이 열리고 재판이 개최되었으며, 시민들의 사교의 장이기도 했다. 특히 시민들의 토론이 벌어지고 정치 집회가 열리는 등 민주주의의 산실 역할을 했다. 핀다로스(Pindaros, 그리스의 서정시인)와 아이스킬로스(Aeschylus, 그리스의 비극 작가)는 아고라를 도시와 동일시하였고, 특히 아테네에서 아고라는 민주주의 통치의 상징으로 여겨졌다. 소크라테스와 플라톤 역시 이곳에서 자신들의 철학, 과학, 문학을 가르쳤다. 우리는 광장을 어떤 특정 활동을 하는 곳으로 한정지으려 하지만 고대 그리스의 아고라는 그 어떤 제한도 없던 자유로운 시민 공간이었다.

아고라는 도시의 출입구와 아크로폴리스 입구 사이에 위치하였는데, 주변에 시장·의사당·법원·관청 등이 배치되었고, 높이가 낮은 건물들은 적당한 폐쇄감을 주었다. 또한 주요 간선도로가 아고라로 연결되어 자연스럽게 도시의 중심이 되었다. 아고라는 물리적으로 많은 시민을 수용할 수 있을 정도로 규모가 컸으며, 넓은 부정형의 공간에 특별한 시설은 없었다. 초기에는 주변 건물을 따라 부정형으로 자연스럽게 형성되었으나 이후에는 정방형 형태로 발전하였다. 기원전 5세기 이후 히포다무스(Hippodamus, 그리스의 도시계획가)가 만든 밀레투스의 도시계획에서 아고라는 특정한 기하학적 형태를 이루게 되었고 이후 로마의 포럼 형태로 발전하게 된다.

고대 로마의 광장이었던 포럼(Forum)은 부정형의 아고라와는 달리 형태가 점차 직사각형으로 정형화되었다. 아고라가 자연발생적이라면 포럼은 지배자의 영광과 권위의 상징으로 조성되는 사례가 많았다. 포럼 주변으로는 의사당, 시장, 법원, 신전, 극장, 관청이 둘러싸고 있었으며, 아고라와 마찬가지로 도시의 중심이었다.

포럼은 도시의 성년 남자들이 모일 수 있는 규모였고, 별도의 음향 장비 없이도 육성에 의한 메시지 전달이 가능한 크기였다. 중세를 거치며 광장의 공간적 진화가 이루어졌음에도 이러한 원칙은 상당 부분 계승되었다. 그래서 몇몇 대규모 광장을 제외하면 대부분의 광장은 서로의 표정을 확인하고 메시지를 육성으로 교환할 수 있는 정도의 크기였다.

로마의 포룸은 포룸 시빌(Forum Civil)과 포룸 베날리아(Forum Venalia)로 구분하기도 한다. 시빌에는 주로 의사당, 법원, 신전, 공공건물이 배치되었고, 베날리아는 주로 시장으로서의 역할을 맡았다.

중세 도시의 주요 구성 요소는 성벽, 방위탑, 성문, 가로, 시장, 교회, 주거지였다. 여기서 시장과 교회는 공식적인 광장이었다. 교회에서는 시민들이 모여 예배를 드릴 전면 광장이 필요했다. 이곳 광장에서 옥외 설교는 물론, 연극공연 등 종교 문화 활동이 행해졌다. 예배가 끝나면 많은 사람들이 모인 그곳에 시장이 만들어지기도 했다. 교회는 주민 모두를 수용할 수 있었고, 성당 앞 광장은 성문까지 사방으로 방사형 도로가 이어졌다. 유기적으로 성장한 도시에서 흔히 시장터는 불규칙한 형태로 존재했다. 시장 광장은 경제 활동의 중심지였고, 많은 장인들이 숙달된 기술을 선보이는 무대였으며, 죄인 이교도에 대한 처형이 이뤄지기도 했다.

특히 화폐 경제가 발달하지 않았던 시절, 광장에서의 물물 교환은 중요한 경제적 활동이었다. 시장과 성당은 가까이 있었고 도시의 중앙에 위치했다. 광장을 구성하는 공간은 당연히 사람들을 위한 것이었고 마차 통행은 고려되지 않았으며, 아고라나 포룸과 마찬가지로 도시의 간선도로와 자연스럽게 연결되는 구조를 갖고 있었다.

유럽은 중세를 지나 14세기 이후부터 새로운 문학과 예술의 부흥시대를 맞이하였다. 중세 기독교의 신본주의에 반발하고 인본주의적 사상이 일기 시작한 것이다. 또한 이 시기는 도시 방어를 중요시하면서 방사형 도로를 더욱 강조한 시기였고, 중심성이 강조되면서 광장의 기능은 중세보다 더욱 확대되었다. 특히 미학적 공간의 중요성이 강조되어 광장에는 조각 동상이나 오벨리스크 같은 기념적 상징물이 조성되었고, 이곳에서 방사형으로 도로가 전개되었다. 예를 들어 로미의 포폴로 광장(Piazza del Popolo)에서는 3개의 방사형 도로가 뻗어 나가고 있다. 서쪽 도로는 바티칸을 연결하며, 남쪽 도로는 포로로마노와 캄피돌리오 언덕을 연결한다. 또 동쪽 방향으로 이어지는 도로는 로만바로크와 만난다.

포폴로 광장(이탈리아 로마)

17~18세기 바로크 시대에는 보편성에서 획일성으로, 지방분권에서 중앙집권의 시대로 전환되었고, 이때부터 유럽은 봉건사회를 완전하게 탈피하게 되었다. 중상주의가 발전하면서 시장경제도 크게 발달하였다. 도시의 구조는 광장과 광로, 방사형 가로를 강조하는 르네상스의 특징이 바로크 양식으로 계승되었다.

도로의 직선화가 계속되었고, 각 도로가 규칙적으로 배열되면서 도시 블록의 개념이 나타났다. 또한 도시는 중앙 광장을 중심점으로 광대한 방사형 도로가 멀리 외곽까지 연장되었다. 바로크의 광장은 르네상스의 광장보다 규모가 더 크고 화려해졌다. 광장이 도시의 중심 역할을 보다 강하게 수행하면서 기하학적 형태가 유행하였다. 귀족들은 큰 정원, 별채, 대문을 가진 저택을 소유했는데, 그 저택의 뒤를 허물어서 광장을 만들고 자신의 이름을 붙이는 경우도 많았다. 이렇게 만들어진 광장은 초기에 매우 황량했고, 귀족들의 마차 주차장으로 사용하는 경우도 많았다. 광장에는 늘 마차가 있었고, 마부가 주인을 기다리는 모습이 흔한 일상이었다.

이처럼 오늘날 많은 광장들이 바로크 시대에 만들어졌다. 프랑스에서는 보쥬(Vosges) 광장, 방돔(Vendôm) 광장, 콩코드(Concorde) 광장이 대표적이며, 특히 영국에서는 형태적으로 원형 광장, 규모가 크지 않은 근린 광장 등 다양한 형태의 광장이 나타나기도 했다. 퀸스 스퀘어(Oueen's Square, 직사각형 광장), 킹스 서커스(King's Circus, 원형 광장), 로얄 크레센트(Royal Crescent, 근린 광장)가 대표적이다.

우리가 바라는
광장의 모습

일본의 건축가 구로카와 기쇼(黑川紀章)는 이렇게 말했다. "동양의 도시에는 광장이 없다. 광장의 역할을 하는 것은 길이었다." 맞는 말이다. 한국, 중국, 일본의 역대 왕조는 왕궁 정문 앞에 '주작대로'라는 널찍한 길을 만들었다. 한국의 광화문 앞 육조거리가 그것이다. 폭이 수십 미터에 달하는 길에서 왕이 주최하는 국가 행사가 주로 열렸다. 중국의 천안문 광장, 일본 황궁 앞 황거 공원도 마찬가지다. 동양의 주작대로는 왕의 권위를 드러내는 관치 광장이었다.

우리나라의 유럽식 광장은 1971년 조성된 5.16광장(현 여의도공원)이 최초였다. 그러나 1999년 이 광장이 공원화되면서 2004년 서울광장이 개장하기까지 4년간 서울은 또다시 광장 없는 도시가 되었다. 이어 조성된 청계광장과 광화문광장은 시민을 위한 대표적 공공 공간이 되었다. 서울의 광장들은 2002년 월드컵 축제의 장이었고, 2008년 미국산 소고기 수입 반대 집회와 반값등록금 공약 이행 촉구 집회, 그리고 2019년 검찰개혁을 위한 집회 등 민주주의와 시민 연대의 장으로 활약했다. 그럼에도 서울의 광장들은 접근성이 떨어지고 주변 공간들에 의해 오히려 단절되거나 맥락을 같이하지 못한다는 평가를 받는다.

6~10차선 도로에 둘러싸인 광화문광장과 서울광장은 접근하기가 쉽지 않다. 게다가 주변은 건조한 빌딩으로 둘러싸여 시민들이 머물 이유를 찾기가 어렵다. 광장의 역사가 없던 도시 공간에 인위적으로 광장을 계획하면서 주변과 맥락이 없는 대규모 공지만을 만들어냈기 때문이다. 게다가 우리나라의 광장은 지루하다. 광화문광장의 경우 탁 트인 북한산과 광화문의 모습은 볼만하지만 앉을 곳도 없고 따로 구경할 장소도 없다. 그나마 청계광장은 양쪽으로 좁은 도로가 지나가 접근성이 좋고, 카페와 식당이 늘어서 있어 시민들의 휴식처이자 광장으로서의 면모를 볼 수 있어 다행이다.

우리나라는 광장을 중요한 도시 요소로 보지 않는다. 아름다운 공원, 아이들을 위한 놀이터, 화려하게 디자인된 공공건물, 주거지 곳곳의 운동 시설, 편리한 도로와 보행로가 중요한 요소로 간주된다. 그러나 우리는 유럽의 도시를 떠올리면서 궁전이나 주택보다 거리와 광장을 더욱 선명하게 기억한다. 거리와 광장이 도시를 어떻게 인식시키는지 알 수 있는 대목이다. 특히 광장 문화가 없던 우리 도시에 빠르게 자동차가 등장하고 극장, 쇼핑몰 등 편리한 실내 소비 공간이 급증하면서 광장의 필요성은 더욱 줄어들고 있는 느낌이다.

청계광장

광화문광장

광장이 가져야 할 요건

광장은 도시의 가장 중요한 장소로 시민들에게 매력적인 장소여야 한다. 이를 위해서 잘 관리되고 청결한 장소일 필요가 있다. 그리고 시민들에게 활력을 주는 장소가 되어야 하기 때문에 충분한 채광과 조명의 확보가 필수불가결이다. 또한, 사람들이 모이기 쉬운 장소가 되기 위해 단독으로 완결되거나 독립적인 공간이기보다는 도시의 건축과 사람들을 연결시키는 공간이어야 한다. 이를테면 베네치아의 피아자 (Piazza)나 캄포(Campo)처럼 거리, 주거지, 궁전, 교회, 수도원이 밀집한 네트워크의 빈 공간에 자리하는 것이 좋다.

광장은 사람들이 산책을 하거나 친구들을 만나고 다양한 커뮤니티 활동을 하는 등 보행자에게 특별한 공간이 되어야 한다. 그래서 기존 광장이든 새롭게 계획하는 광장이든 자동차 운행을 통제하거나 적어도 보행자를 중심에 두려는 노력이 요구된다. 또한, 광장은 다양한 용도로 쓰이고 여러 기능을 수행할 수 있어야 한다. 광장을 향해 걸어간다는 것은 주차장에서 가깝거나 대중교통 수단을 이용해 접근하기 쉬워야 한다는 의미이며, 환승 센터나 환승 통로를 통해 지하철, 버스, 보행이 훌륭하게 공존할 수 있음을 보여준다. 즉, 민주주의에서 가능한 모든 시민 활동들이 가능해야 하며, 사람들의 자유로운 활동을 방해하는 요소들은 제거되어야 한다.

우리에게 광장이 절실할 수밖에 없다

2002년 서울시청 앞에 응집한 붉은 악마들의 환호는 광장의 새로운 가능성을 보여주었으나 우리는 아직 그 이상의 가치를 발견하지 못했다. 마찬가지로 광화문 앞에 새롭게 조성되는 보행자 구역에 '광화문광장'이라는 명칭을 붙였다 해서 육조거리가 진정한 광장으로 거듭날 수는 없다. 진정한 광장이 되기 위해서는 물리적 공간뿐만 아니라 주변의 건축이나 문화 요소들이 그 광장의 필요와 맥락과 함께해야 한다.

우리는 크고 작은 동네 광장에서 시민적 연대를 경험한 유럽 국가들과 상황이 다르다. 만약 대규모 광장을 인위적으로 조성하여 광장 문화를 이끌어 낼 수 있다고 믿는다면, 그런 믿음 자체가 우리의 한계가 되고 말 것이다. 그만큼 진짜 광장을 만든다는 것은 굉장히 어려운 일이다. 그러나 앞서 얘기한 바와 같이 우리나라 도시에서 광장은 여전히 유효한 도시 공간이 될 수 있다. 자동차 중심의 도시에서 보행자의 소외를 경험하면서 시민 공동체의 문화와 휴식을 위한 자유로운 공간이 더욱 절실해졌기 때문이다.

공원,
도시 사람들의 쉼터

    공원은 우리 삶에 늘 함께 있었던 것 같지만, 사실 19세기 중후반에야 등장했던 공간이다. 물론 과거에도 공원과 비슷한 역할을 했던 정원이 있었다. 그러나 정원은 대부분 왕과 귀족을 위한 공간이지 시민이 향유할 수 있는 공간이 아니었다.

    공원은 민주주의와 함께 시작되었다. 19세기 영국 의회는 시민을 위한 공간이 노동자의 건강을 위해 제공되어야 한다고 권고했다. 다시 말해 산업혁명으로 병든 노동 계급의 몸과 마음을 치유할 도시공원의 필요성을 강조한 것이다. 초기의 공원은 왕과 귀족을 위한 사냥터 및 정원을 대중에게 개방하면서 시작되었다. 하이드파크는 스튜어트(Stuart) 왕조에 의해 일반 대중에게 공개된 최초의 정원이었다.

    유럽의 공원이 왕실 정원을 일반 대중에게 공개하면서 시작되었다

센트럴파크는 뉴욕 시민을 위한 최고의 공원이자 진정한 의미에서 세계 최초의 도시공원이다(미국 뉴욕)

면, 미국의 공원은 시민을 위해 아예 새롭게 조성하면서 시작되었다. 특히 뉴욕 맨해튼의 센트럴파크는 진정한 의미에서 최초의 도시공원이라 할 수 있다.

우리나라에서 공원은 근대와 함께 유입되었다. 최초의 공원은 1888년 조성된 만국공원으로, 인천 응봉산에 있던 각국 조계지 내 영사관들을 위한 것이었다. 1897년에는 남산 근처의 일본인 거류지에 신사와 공원을 조성하고 이를 '왜성대공원'이라 불렀다. 서대문 밖에는 독립협회가 독립문과 독립공원을 조성하기도 했다. 당시 공원이란 이름은 널리 알려졌지만 시민들에게는 아직까지 그저 생소한 공간이었다.

공원이 본래 의미를 갖고 조성된 것은 1907년 탑골 공원이 최초였다. 이곳은 조선시대 유명한 원각사가 있던 자리로, 절은 사라지고 오늘날 국보2호인 '원각사지 10층 석탑'만 남아 사람들이 '탑이 있는 절터 마을'이라는 뜻으로 '탑마을' 혹은 '탑골'이라 불렸다. 손병희, 한용운 등 민족대표 33인이 조선독립선언서를 낭독했던 3.1운동의 발상지이기도 하며, 일제강점기 시민들이 울적해진 심정을 달래기 위해 이 공원을 찾았다고 한다.

1920년대 이후 공원 숫자는 크게 늘었지만, 이는 일제가 조선의 역사를 지우고 폄훼하는 과정이기도 했다. 을미사변 당시 순사한 충신과 열사를 제사 지내던 장충단을 없애고 벚나무를 심어 일본식 공원으로 조성한 장충단공원이 대표적이다. 이밖에도 조선 시대 토신과 곡신을 제사하기 위해 함께 지은 사직단, 정조의 첫째 아들 문효세자와 그의 모(母) 의빈 성씨를 모신 효창원이 모두 일제에 의해 공원으로 조성되었다. 무엇보다 창경궁에는 식물원, 동물원이 들어서고 이름도 창경원으로 격하되기도 했다. 다행히 해방 이후 이들 공원은 일제의 잔재를 지우면서 역사를 되찾았고 오늘날에는 시민들의 진정한 공원으로 거듭났다.

장충단공원

인간에게 공원이 필요한 이유

공원은 정원이란 이름으로 오랫동안 왕과 귀족들의 전유물이었고 일반 하층민들은 공원의 여유를 즐길 권리도 여유도 없었다. 하지만 시민이 주권을 갖게 된 이후 누구나 공원을 즐길 권리가 생겼다. 그렇다면 인간에게는 왜 공원이 필요할까? 도시 사람들에게 계절의 변화가 유독 쉽게 눈에 띄는 곳은 공원이다. 물론 TV에서, 거리에서, 사람들이 입는 옷에서 계절을 알 수도 있다. 하지만 꽃이 피고, 숲이 우거지고, 단풍이 들고, 겨울의 마지막 잎사귀를 보며 계절을 오롯이 느낄 수 있는 곳은 대체로 넓은 의미에서의 공원이다. 하지만 개발 밀도가 높아지고 도시가 팽창하면서 오염되지 않은 자연을 접하기가 점점 어려워지고 있다. 이런 도시에서 사람들이 쉽게 다가가 전원적인 환경을 느낄 수 있는 곳은 공원이 거의 유일하다. 공원이 없다면 우리에게는 도로의 가로수나 화단, 아파트 단지의 인공적인 조경이 전부일 것이다.

공원은 긴장의 연속인 현대인의 생활에 육제적인 휴식과 정신적인 위안을 공급하는 안전핀 역할을 하기도 한다. 집과 사무실에서 나와 숨을 크게 들이켜고, 머리를 식힐 수 있는 공원은 도시 사람들의 도피처가 될 수 있다. 자동차가 보행자에게서 도로와 광장을 빼앗아 가버린 지금, 아직까지 공원이 중요한 장소로 남을 수 있는 이유다. 조금 과장된 것 같지만 최근에는 소음, 도시 열대야, 대기오염, 온실가스, 악취를 여과시키는 필터 역할로서도 공원의 필요성이 강조되고 있다.

우리나라 공원의 문제점

산이 많은 우리나라는 도시 안의 주요 산과 구릉지를 도시공원으로 관리하고 있다. 서울의 북한산, 도봉산, 남산이 대표적이다. 우리나라 도시의 16%가 산과 구릉지라고 하니 법으로 정한 공원으로는 적지 않은 비율이다. 하지만 이런 곳은 공원을 공원답게 만드는 각종 시설을 두지 않는다. 산지 훼손을 막기 위해서다. 그러니 접근 자체도 어려울 뿐더러 산행을 하는 것 말고는 공원으로 즐기는 것이 쉽지 않다.

서울에는 대형 공원이 많다. 근대에 조성되기 시작한 공원은 현대에 이르러 적어도 양으로는 선진국에 비할 바가 아닌 것 같다. 산과 구릉지를 빼더라도 일제 강점기를 통해 조성된 '효창공원', '사직공원', '장충단공원', 고궁인 '경복궁', '덕수궁', '창덕궁', 서울의 대표적인 공원인 '남산', '서울숲', '북서울 꿈의숲'이 있으며, 한강을 따라 길게 열려 있는 '한강고수부지', '보라매공원', '양재시민의 숲'도 대형 공원이다. 그러나 이들 대형 공원들은 마치 격리된 섬과 같다. 서울숲이나 한강고수부지는 도시고속도로가 사람들을 단절시키고, 고궁은 높은 담과 저녁이 되면 닫혀버리는 입구가 그곳을 도시에서 격리시킨다. 입장료를 내야하며, 자동차가 없으면 아예 접근도 못한다. 어쨌든 맘먹고 가야 하니 시간적으로도 고립된 섬이 바로 대형 공원이라 하겠다.

도시를 걸을 때 필요한 것은 공원이다. 아무리 가로가 활기차서 볼거리가 많고 흥미롭더라도 걷다가 지치면 쉴 수 있는 장소가 필요하다. 그곳에 벤치 하나라도 있으면 좋은 것이고, 공원이라면 더욱 좋을 것이다. 도시에 지친 다리를 쉴 수 있는 공원이 없다면 걷는 여행은 정말 불편한 기억이 될 것이다. 우리가 도시에 대해 간직하고 있는 좋은 기억들은 대부분 자동차가 아닌 걷는 과정에서 얻어진 것들이다.

이런 관점에서 보면 우리나라는 공원이 부족하다. 뉴욕의 맨해튼은 10㎞ 내에 10개의 공원이 있고, 걷다 보면 13분에 한 번씩 공원을 만날 수 있다. 파리를 대개조한 오스만은 10분 간격으로 공원을 만날 수 있도록 설계하였다. 반면 서울은 15㎞ 내에 9개의 공원이 있는데, 간격은 4㎞가 넘고 걸어서 1시간에 한 번꼴로 공원을 만날 수 있다. 사실 강남 일대의 빌딩 숲에서 직장인들을 위한 진짜 숲은 거의 찾기 힘든 걸 보면 틀린 얘기는 아니다. 서울 강남에 카페가 많은 이유도 알 것 같다. 사람들이 머무를 수 있는 공원이 없기 때문이다. 커피를 손에 들고 공원에 앉아 이야기를 나눌 수 있는 근린공원이 있다면 카페를 찾아 실내로 들어갈 이유도 없을 것이다.

도심의 빌딩 사이에는 공원이 흔치 않지만, 주거 지역으로 가면 공원을 종종 찾아볼 수 있다. 정릉천변, 양재천변 등 개천 옆이 보행을 위해 잘 개발되어 있고 사람들도 많이 찾는다. 하천변 보행로는 좋은 시설에 접근성도 좋다. 공원이라 부르지는 않지만 자연과 녹지, 그리고 사람들이 있으니 공원이라 불러도 무방하다. 그러나 느리게 걷는 일반 공원과 달리 이곳은 빠르게 걷는 사람들의 공간이 되어버렸다. 트레이닝복을 입은 채 빠른 보폭으로 땀을 빼는 사람들과 그 옆으로 씽씽 달리는 자전거가 경쟁하는 곳이 되어버린 것이다. 공원이 가져야 할 여유가 보이지 않는다. 무엇보다 그곳엔 벤치가 많지 않다. 따라서 벤치에 앉아 음악을 듣거나 책을 읽는 사람도 없다. 오로지 건강을 위해 빠르게 걷는 사람들뿐, 느릿느릿 산책을 즐기는 사람은 찾아보기 어렵다.

대전 전민동에 있는 한 보도가 최근 정비되었다. 아무 쓸모도 없는 보도 중앙의 큰 화단을 치워버리고 보행자 중심의 보도로 일대 변화를 주었다. 보도가 넓어졌고 바닥 조명과 약간의 장식을 넣어 지루한 보도를 흥미롭게 바꾸었다. 무엇보다 반가운 것은 벤치가 생겼다는 것이다. 벤치 모양도 다양하다. 그네 형태의 벤치도 설치했다. 사람들이 벤치에 앉기 시작했고, 엄마와 아기가 그네 벤치에 앉아 노는 모습도 보였다. 그저 바쁘게 걸어야 하는 길이 머물 수 있는 공간이 되었다. 이제는 어슬렁거리거나 천천히 걷는다 해도 전혀 이상하게 보이지 않을 것이다. 공원이 아니었던 그곳은 벤치가 만들어지면서 비로소 공원이 되었다.

새롭게 단장한 거리에 벤치가 놓이면서 느릿하게 머무를 수 있는 공간이 완성되었다(대전)

공원의 첫 번째 조건은 치안이다

우리나라는 산과 구릉지가 많고, 대형 공원과 고궁이 많다. 이들 장소는 개장시간이 있다. 따라서 그 외의 시간에는 입장할 수 없다. 공원이 우리의 일상에서 의미를 가지려면 낮 시간에만 허용되면 안 된다. 소공원이 존재하는 이유이기도 하다. 공원은 우리가 사는 집 근처에도 있어야 하고, 직장 근처에도 있어야 한다. 소공원은 저녁에도 개방하므로 가족, 연인, 야근하는 직장인, 심심한 노인, 때로는 아이들도 모이는 곳이다. 따라서 공원은 이들이 마음 놓고 즐길 수 있는 공간이어야 한다.

1959년 9월 자 '뉴욕 타임즈'에 따르면 지난 10년간 뉴욕에서 일어난 최악의 청소년 갱단 싸움은 모두 공원에서 발생했다고 한다. 청소년 비행률이 가장 높은 곳도 공공 주택단지 공원이었다. 이렇게 되면 부모들은 아이들을 공원이 아닌 거리에서 놀게 하는 것이 더 낫다고 생각할 것이다.

대전 동구의 매봉공원은 어린이 공원이다. 규모가 크고 어린이 놀이터도 아주 훌륭하다. 다만 아쉬운 것은 공원 내부가 잘 보이지 않는다는 것이다. 게다가 공원 주변에는 주차 차량이 있어 더욱 공원 내부를 확인하기가 어렵다. 부모라면 그곳에서 아이가 놀도록 허락하지 않을 것 같다. 서울 성북구의 '종암동 마을마당'도 소공원이다. 아주 작지만 아담하고 작은 개천 너머로 아파트 단지들이 있다. 주로 노인들이 이용을 많이 한다. 하지만 이곳은 밤이 되면 비행 청소년의 공간이 된다. 바로 옆 도로는 자동차 통행이나 보행자 통행도 적다. 보도는 어둡고 도로에 주차된 대형트럭들이 공원 내 나무들과 어우러져 어둡고 으슥한 우범 공간을 만들어낸다.

공원이 언제든 안전한 곳이 되려면 먼저 외부로부터 쉽게 감시받을 수 있는 공간이 되어야 한다. 그게 바로 옆 아파트나 빌딩이 되어도 좋고, 자동차나 보행자여도 좋다. 그러려면 주변의 건물들이 공원을 향해 있어야 한다. 그리고 공원 주변도 불법 주차 금지구역으로 지정해야 한다. 주차는 허용된 노상 주차라 해도 공원 내부를 차단하는 효과를 낸다. 공원 자체도 중요하다. 공원을 울타리로 격리시키거나 왕래가 많은 도로와 공원을 크게 떨어지게 해서는 안 된다. 조경보다 치안에 더욱 신경을 써야 한다. 나무들이 내부를 차단하게 해서도 안 된다. 햇볕을 피할 수 있는 그늘을 만든다고 공원 전체에 나무를 두르는 것은 밤이 되면 그곳을 범죄자들의 쉼터로 내주겠다는 것과 같다.

빽빽이 둘러싸인 가로수와 주차 차량으로 밤에는 보행자가 눈에 잘 띄지 않는다(서울)

조성되지 못하고 사라지는 도시공원

우리나라의 도시계획시설로 지정된 도시공원 중에서 20년이 넘도록 공원 조성을 하지 않는 부지가 있다. 전체 지정된 땅 중에서 무려 40%가 해당되며 서울의 경우 71개소에 97.7㎢로 여의도 면적의 약 33배에 이른다. 전국적으로는 4,421개소에 달하니 엄청난 부지가 공원으로 조성되지 않은 채 방치될 것이다. 이것은 같은 도시계획 시설인 도로나 학교에 비해 도시공원이 매번 후 순위로 밀렸기 때문이다. 공원은 전국적으로 96.5%가 미집행된 반면, 도로는 1.76%, 학교는 0.18%에 불과하다. 정부는 오랜 시간 공원 조성을 하지 않으면 이를 장기 미집행 도시계획 시설로 분류하여 2020년 7월 1일부터 도시공원 자격을 박탈하고 있다.

좋은 공원, 나쁜 공원을 떠나 우리나라의 공원은 산과 구릉지, 고궁, 한강고수부지, 대형 공원이 전부인 나라다. 그런데 도시공원 시설에서 해제되면 가뜩이나 부족한 공원이 더욱 부족해질 것이 자명하다. 환경단체는 도시공원이 사라지면 도시 숲의 면적도 더욱 줄어들 것을 염려하고 있다. 세계보건기구(WHO)가 권장하는 도시 숲 면적은 1인당 9㎡이다. 뉴욕이 23㎡ 런던이 27㎡, 파리가 13㎡인데, 서울은 고작 4.35㎡에 불과하다. 한참 모자란 수치다.

누구나 가고 싶은 공원 만들기

그렇다면 우리가 가고 싶은 공원은 어떤 모습이어야 할까?

첫 번째, 주민은 물론 낯선 사람들까지도 수용하고 안전을 보장하는 장소가 되어야 한다. 안전한 공원으로 인정받았다면 일단 공원의 기본 자격은 갖춘 셈이다.

두 번째, 쉽게 접근할 수 있어야 한다. 걸어서 갈 수 있다면 아주 좋고, 적어도 지하철 등 대중교통으로 접근할 수 있어야 한다. 물론 어떤 경우에도 공원이 멀어서는 안 된다.

세 번째, 지루하지 않아야 한다. 전혀 활기가 없고 재미없는 장소라면 그게 공원이라 할지라도 문제가 될 것이다. 그런 공원은 빠르게 위험한 장소가 되며 주변으로 영향을 미치기 때문이다. 공원 안에는 놀이터가 있어 부모와 아이들이 모이고, 직장인들이 모여 점심을 먹고, 공원 밖으로 분주히 걸어 다니는 사람들을 구경하는 재미가 있어야 한다.

네 번째, 많아야 한다. 15분 도시를 주장하는 정치가와 도시계획가들이 많아졌다. 15분 도보 거리 내에 살아갈 대부분의 것들을 만든다는 것이다. 거기에 공원도 포함된다면 걸어서 평균 7~8분마다 공원을 만날 수 있게 될 것이다. 15분 도시가 아니라도 삭막한 도시 생활에서 고민 많은 청년, 외로운 노인, 놀이터가 부족한 어린이, 카페를 찾는 많은 사람들이 모두 가까운 공원에서 함께 만날 수 있으면 좋겠다.

글을 마치며

지역별 워커빌리티를 측정해 제공하는 웹사이트 '워크스코어(Walk Score)'가 있다. 2007년 '프론트 싯(Front Seat)'이라는 소프트웨어 회사에서 개발한 것으로 일상적인 용무를 보기 위해 이동해야 하는 거리를 계산하여 매긴 점수를 올려놓은 웹사이트이다. 50점 이하는 자동차 의존적인 도시, 50점 이상이면 어느 정도 걸어 다닐 수 있고, 70점 이상이면 걷기에 아주 적합한 도시, 90점 이상이면 보행자 천국 정도 되겠다. 샌프란시스코의 차이나타운과 뉴욕의 트라이베카가 100점을 받았다. 흥미로운 것은 워크스코어가 부동산 중개업과 함께 큰 성공을 거두었다는 것이다. 워크스코어는 미국의 공인중개사들이 가입한 만 개 이상의 사이트와 연계되어 있다. 사람들이 어디서 살지 결정하는데 걸을 수 있다는 사실이 어느 정도 가치를 두는지 판단한다는 의미이다. 실제로『걷는다는 것: 주택의 가치를 높이는 워커빌리티』의 저자 조 코트라이트는 워크스코어와 부동산 가치 사이의 관계를 밝힌 바 있다. 노스캐롤라이나 샬로테의 워크스코어가 54점에서 71점으로 오르자 주택 가격이 평균 28만 달러에서 31만 4,000달러로 뛰어올랐다. 걸을 수 있는 도시 환경이 1점 오를 때마다 주택은 2,000달러의 가치가 증가한 것이다. 시장조사 기관인 벨덴 루소넬로 앤 스튜어트(Belden Russonello & Stewart)가 미국의 성인 수천 명을 대상으로 실시한 조사에서도 비슷한 결과를 얻었다. 사람들은 거주지를 선택할 때 응답자의 47%가 가까운 거리에 주택, 상점, 업무시설이 골고루 분포된 도시를 선호한다고 응답한 것이다. 다시 말해 걸어서 일상이 가능한 곳을 선호한다는 것이다. 도시에서 걸을 수 있는 환경이 지역의 집값에 미치는 영향은 물가가 오르고 부동산 거품이 꺼지는 시기에 더욱 강하게 반영된다. 변두리 지역의 집값이 두 배 이상 떨어질 때, 걸어 다닐 수 있는 도시에 있는 집은 여전히 그 가치를 유지하고 있었다. 모든 걸 돈으로 매기는 자본주의 관점으로 걸을 수 있는 도시를 평가했지만, 평가의 내면과 이 글이 말하고자 하는 맥락의 끝은 시민이 원하는 도시의 모습이 걸을 수 있는 가능성에 있다는 것임을 말하고 싶다.

이 책은 걷고 싶은 사람들이 자동차에 대해 느끼는 부조리를 말하고 싶었다. 카뮈의 부조리와 같다. 카뮈는 삶에서 경험하는 부조리만이 변화의 핵심이라고 보았다. 부조리를 인지한 개인이, 또한 부조리에 저항하는 것이 곧 바른 것으로의 변화를 기대할 수 있다는 얘기라고 생각한다. 자동차의 사회로의 이행과 도시계획에서 배제된 이후 보행자로서의 우리 중 몇몇은 걷는 행위로부터 잃어버린 즐거움과 인간 본연의 모습이 일그러진 부조리를 인지해 왔다. 반대로 많은 이들은 부조리 자체를 체득하지 못한 채 자동차를 지지하거나 순응하거나 방관하고 있는 상황에서 말이다. 물론 최근의 도시계획가들 중 녹색 도시를 말하고 친환경을 말하고, 지속 가능한 도시를 말하는 사람들이 없는 것은 아니다. 그렇지만 그들은 단지 구호를 외치는데 그치는, 사르트르가 말한 '지식을 가진 전문가'에 지나지 않는다. 기계적 엔지니어일 뿐이다. 카뮈의 부조리는 사르트르의 지식인만이 대항할 수 있다. 그들만이 진정으로 자동차가 이 사회에 던지는 부조리에 대항하기 위해 싸울 수 있는 것이다. 내가 아는 몇 분이 지식인으로서 부조리에 대항하고 있다. 도로교통연구원의 남궁성 박사, 대전시청의 한대희 박사, 지금은 퇴직하신 국토연구원의 류재영 박사들이 부조리에 대항하기 위해 몸으로 실천하고 계신 분들이다. 그들은 어딜 가든 접이식 자전거를 갖고 다닌다. 지방 어디라도 대중교통을 타고 자전거를 타며, 그리고 걷는다. 해외 출장을 갈 때도 그들의 주요 이동 수단은 자전거와 걷기이다. 그들이 어떤 계기로 자동차를 포기했는지는 몰라도 그들은 사르트르가 말한 지식인으로 긴 시간을 싸워 오신 것은 분명하다.

어디 이들 뿐이겠는가? 걸을 수 있는 도시를 만들기 위해 변화를 이끈 분들은 더 있다. 최근 5030정책의 시행으로 자동차를 타는 주류의 도시인들이 보여준 합리적(?)으로 보이는 저항들(사회적 비용의 증가, 도로의 정체의 심화 등)과 싸워 이겨내었다. 혁신에 발목을 잡는 것은 모든 시민이었지만, 부조리에 대항한 소수의 지식인들이 대항하고 변화를 이끌어낸 것이다. 모든 역사가 그렇듯이 시민 혁명의 초기에 먼저 대항하고 싸우는 것은 소수의 지식인들이었으니 당연한 얘기인지 모르겠다.(여기서, 시민의식을 폄훼한 것이 아님을 독자들은 알 것이다. 시민의식은 지식인의 반동 이후 나타나기 때문이다.) 다만 역사가 그래왔듯이 이들이 일으킨 변화는 시민의식으로 확대되면서 사회 변혁의 도화선이 될 것임을 믿는다.

지금 우리가 싸워 변화시키려는 도시는, 철학자들이 사유하는 산책 공간을 회복하고, 행복한 경험을 기대하는 시민들의 걷기가 일상이 된 도시이다. 이런 도시를 나는 인류의 역사에서 잠깐 경험했던 '고대 로마'로의 복귀라고 부르고 싶다. 수도교를 통해 깨끗한 가로 환경을 만들었고 마차와 수레 통행을 금지시켜 도로를 온전히 시민들에게 내어줬던 율리우스가 살았던 도시, 걷는 즐거움과 우연한 만남, 건물들과 하늘을 느린 속도로 이동하며 관계를 맺을 수 있는 도시 로마로의 복귀를 위해 이 글을 읽는 독자들도 자동차 사회의 부조리를 함께 느끼고, 그 부조리에 대항하는 주체로 함께 참여해주기를 바란다.

이미지 출처

Part 01.

016p   ©Guitar photographer / Shutterstock.com

038p   ©DFLC Prints / Shutterstock.com

049p   ©Andriy Blokhin / Shutterstock.com

053p   ©britishnewspaperarchive.co.uk

057p   (하) ©MirSiwy / Shutterstock.com

060p   (우) ©Alexandros Michailidis / Shutterstock.com

087p   (하) ©CreationWiki

091p   ©fhw.gr/fhw/en/

092p   ©Wikimedia Commons/Jean-Pierre Dalbéra

093p   ©cstid.org.cn

122p   ©Wikimedia Commons/Erauch

124p   ©서울기록원(archives.seoul.go.kr)

126p   (좌) ©서울역사편찬원(history.seoul.go.kr)
     (우) ©Wikimedia Commons/대한민국 국가기록원

140p   (상) ©zkolra / Shutterstock.com
     (하) ©joan_bautista/ Shutterstock.com

Part 02.